개인 브랜드를 만든 사회복지사 9인의 리얼 활동기

나 _____, 브랜드 사회복지사

개인 브랜드를 만든 사회복지사 9인의 리얼 활동기

나 _____ ,

브랜드

사회복지사

강원남	김근태	김대근	
김은선	김태웅	이창신	
이혜주	전안나	정현경	지음

성균관대학교
출판부

차례

들어가는 말

 이 책은 좋아하는 사회복지를 잘하기 위해, 오래하기 위해 퍼스널 브랜딩을 만든 9명의 사회복지사 이야기이다. 퍼스널 브랜딩이란 이름이 바로 브랜드가 되는 의미로서, 한 분야의 전문가로 사람들에게 인식되는 것을 의미한다. 저자들은 현장에서 경력이 최소 8년부터 최대 27년에 이르는 사회복지사들이다. 퍼스널 브랜딩을 만들기 위해 최소 5년 이상, 최대 23년간 노력했다. 현직에서 근무하면서 퍼스널 브랜딩을 만들어가는 사회복지사 2인과 현장 전문성을 바탕으로 프리랜서로 활동하는 사회복지사 7인의 사례를 통해 '개인과 조직, 사회복지계의 전문성에 기여하는 전문 사회복지사의 활동'을 알리고자 이 책을 기획하였다.

 1부에서는 먼저 퍼스널 브랜딩이란 무엇이고, 왜 사회복지사가 퍼스널 브랜딩을 만들어야 하는지, 어떻게 만들 수 있는지 살펴본다. 2부는 사회복지 현장에서 하던 업무인 홍보, 심리교육, 모금, 사례관리를 발전시켜 퍼스널 브랜딩을 만든 김근태, 김은선, 정현경, 이혜주 사회복지사의 이야기를 담았다. 3부는 새로운 영역을 만들어 죽음 복지, 문화기획자, 사회복지 장사꾼으로 창직을 한 강원남, 김대근, 김태웅 사회복지사의 이야기를 들려준다. 4부는 영리 영역인 만화와 책 쓰기를 사회복지와 협업하여 퍼스널 브랜딩을 만든 이창신, 전안나 사회복지사의 이야기를 소개한다.

이 책은 앞 장부터 순서대로 읽지 않아도, 끝까지 읽지 않아도 괜찮다. 다만, 사회복지사들이 얼마나 치열하게 전문성을 위해 노력하고 있는지 생생한 현장의 이야기로 읽어주길 기대한다. 모든 사회복지사가 전문가로 인식되고, 오래오래 현장에서 만날 수 있기를 바라며 미래 사회복지를 준비하는 첫 걸음으로 책을 집필했다.

기획 초기부터 출간 방향에 자문를 해 준 사회복지 책마을 이명묵 대표와 사회복지사의 새로운 시도 '해봄'을 지지해 준 중부재단에 감사의 말씀을 드린다.

공저자 대표 전안나

1부

사회복지사와

퍼스널 브랜딩

1

사회복지사는
정년이 보장되는
안정된 직업일까?

　중년 이후 두 번째 직업으로 사회복지를 공부하는 사람들이 늘어나고 있다. 사회복지사가 정년이 보장되는 직업이라고 생각해서 자격증 취득 붐이 불어 어느새 사회복지사(자격증 소지자)는 140만 명을 바라보고 있어 '국민 자격증'이라는 말까지 나온다. 그런데, 현직 사회복지사에게 우리가 정말 정년이 보장되는 직업이라고 생각하는지 물어 보면 고개를 절레절레 흔든다.

　그저 60세까지 일만 할 수 있으면 된다는 마음이라면, 우리나라 일반적인 근로기준법에 따라 정년이 보장된다고 할 수 있다. 하지만, 사회복지 현장에서 정년퇴임하는 기관장이나 사회복지사를 보기 힘든 이유는 무엇일까?

개인이 위탁하는 사회복지 시설은 소규모 시설이 많다. 이런 시설은 고용 관련 법 적용에서 제외가 되는 열악한 근무 환경으로, 정년이 되기 전에 이직을 하는 경우가 많다. 또 정부 기관과 위탁 법인의 계약에 따라 운영되는 사회복지기관은 기관장에 대한 임명권이 운영 법인이나 지자체 손에 달려 있다. 정규직으로 입사했던 신입 사회복지사가 부장까지 승진할 수는 있지만, 기관장은 법인에서 임명한다. 현실적으로 승진을 통해 최고 관리자가 되기는 힘들고, 다른 조직과 마찬가지로 모두가 최고 관리자가 될 수는 없다는 뜻이다. 운 좋게 승진을 통해 최고 관리자가 되었더라도 기관장은 운영 법인과 짧게는 1년부터 5년 내외 위탁 기간 내 근로 계약을 체결하게 되어 실질적으로는 '계약직'으로 일하고 있다. 부장까지는 정규직이었는데, 최고 관리자인 기관장이 되면 오히려 계약직으로 바뀌는 현실을 보면, 사회복지사가 정년이 보장되는 안정된 직업이라고 생각하기는 힘들다.

또 사회복지사 중 여성이 다수임에도 불구하고 사회복지 조직은 일과 가정을 양립하기 어려운 근무 환경이다. 내가 아무리 일을 계속하고 싶어도, 임신을 하고 출산하고 육아를 하기 위해서는 일과 가정 양립 지원이 필요하다. 하지만 사회복지사는 지원은커녕 야근이 많기로 유명하고, 토요일이나 일요일은 물론이고 공휴일에 진행되는 프로그램이 많아서 '내 가정'을 포기하고 '다른 가정'을 돌봐야 하는 일이 종종 생긴다. 예전보다는 많이 나아졌지만 아직도 일반 기업에서 당연히 제공되는 일과 가정 양립 지원은 눈치가 보인다. 자녀 돌봄을 위해 시차 출퇴근제나 육아기 근로 시간 단축을 하면, 당장 내 클라이언트를 누구에게 인계할 것인가 고민된다. 아이가 갑자기 열이 나면 연차를 내고 달려가야 하는데, 구청에서 갑자기 자료를 취합해서 내라고 하면 업무를 다른 사람이 대체할 수 없어서 병원에서 노트북을 켜고 일을 해야만 한다. 자녀 양육을 위해 아빠인 사회복지사가 육아 휴직을 하면 어느 기관인지 신기하다고 소문이 나는 상황이다. 아빠라면 육아 휴직을 할 수 있도록 법에 명시되어 있지만, 있어도 쓸 수 없는 분위기 때문이다.

그런데 영리를 최우선으로 하는 일반 기업에서는 왜 이런 제도를 지원할까? 근로자가 일과 가정을 양립할 수 있도록 지원해야 우수한 인재를 지속적으로 확보할 수 있기 때문이다. 하지만 사회복지 조직은 서비스의 질적인 면에서 사회복지사라는 전문가의 역량이 제일 중요하다고 하면서도, 인재 확보를 위한 지원을 하지 못하기 일쑤다. 결국 해마다 많은 경력직 사회복지사가 임신과 출산 후 힘들게 일과 육아를 병행하다 사회복지를 포기해 버린다.

현대 사회는 평생직장이 없고, 평생 직업만 있는 시대라고 한다. 사회복지사도 마찬가지이다. 특히 사회복지사처럼 이직이 잦고, 최고 관리자가 되면 정규직에서 계약직으로 신분이 바뀌고, 일과 가정 양립 지원도 일반 직장인처럼 받기 어려운 우리가 사회복지사로서 계속 살아남기 위해서는 도대체 어떻게 해야 할까?

일반 직장인들은 직업인으로 계속 살아남기 위해 자기 계발 트렌드를 변화시켰다. 자기 계발의 전통적이고 대표적인 방법은 대학원 등에 진학해서 관련된 학위를 취득하는 것과 영어 공인 시험 점수를 향상

하는 것이었다. 그런데 최근 대학원의 입시 경쟁률이 낮아졌다. 이유는 무엇일까? 이제 직장인들은 대학원에 가지 않는다. 영어 점수 향상 역시 크게 중요하게 생각하지 않는다. 요즘 직장인 자기 계발 트렌드는 책을 쓰고 강의를 하는 것이다. 한 기관에서 직장인으로 일을 하면서 동시에 한 분야의 이름난 전문가가 되는 것이 평생 직업을 가지는 방법이라고 생각을 전환한 것이다.

지금 직장인들의 자기 계발 핫이슈는 '퍼스널 브랜딩'이다. 퍼스널 브랜딩은 개인의 이름이 브랜드가 되는 것으로, 한 분야의 전문가로 사람들에게 인식되는 것을 의미한다. 어느 분야의 전문가로 소문이 나면 다양한 회사에서 스카우트를 받을 수 있고, 창업이나 새로운 직업을 가질 기회도 생기기 때문에 직장인들은 퍼스널 브랜딩을 만들기 위해 퇴근 후 책을 쓰거나 강의를 하러 다니고 있다. 그런데 사회복지사들은 어떠한가? 일반 직장인들도 이렇게 다양한 노력을 하고 있는데, 우리는 평생 사회복지사로 살아남기 위해서 무엇을 준비하고 있는가? 그리고 무엇을 준비해야 할까?

2

사회복지사로서
당신의 경쟁력은 무엇인가?

사회복지사는 정년이 보장된다는 오해와 함께 유망한 직업으로 인식되어 왔다. 한국 고용 정보원에서 발간한 『한국 직업 전망』에서는 매년 유망한 직업을 제시한다. 유망한 직업에는 간호사, 네트워크 개발자, 변리사, 변호사, 의사, 컴퓨터 보안 전문가, 조종사와 함께 '사회복지사'라는 직업도 수년간 등장했다. 사회복지사여서 다행이라는 생각이 들었다. 그런데 정말 사회복지사가 영원히 유망한 직업일까? 그러기는 힘들다. 사회 변화가 우리가 생각한 속도보다 너무나 빠르기 때문이다.

요즘 직업 트렌드 중 한 가지 변화는 바로 N-잡 (Job)이다. 예전에는 돈을 벌기 위한 목적으로 메인 직업과 퇴근 이후 직업을 가진 투잡이 유행이었는데, 이제는 자아실현을 위해 여러 가지 직업을 갖는 N-잡이 유행이다. 이런 N-잡은 '긱 경제'(Gig Economy)라는 현상과 함께 더욱 확산되고 있다 '긱'은 초단시간, 본인이 일하고 싶은 만큼 일하는 직업 형태를 뜻하는 신조어다. 평소에 본인이 타고 다니던 차로 여유 시간에만 택시 기사로 일하는 우버 기사, 퇴근 시간 이후 배달 몇 건만 하고 돈을 받는 배달앱 라이더처럼 '긱 워커'라는 직업 형태는 우리 사회 전반으로 확산되고 있다. 직업 트렌드 전문가들의 공통적인 견해는 점차 모든 직종이 '계약직', '프리랜서', '긱 워커'로 변화되어 갈 것이라고 한다. 그렇다면 사회복지직은 이런 변화에서 자유로울까? 아니다. 사회복지사도 사회 흐름과 다른 세상을 살아갈 수는 없기에 우리 역시 이런 변화의 흐름을 만나게 될 것이다.

　사회복지사의 인테이크(도움을 받기 위해 찾아온 당사자에게 사회복지사가 필요한 도움이 무엇이며 제공 여부를 결정하는 것), 도시락 배달, 사회 교육, 고독사 예방은 사회 변화와 함께 어떻게 바뀌어 갈까? 인테이크를 지금처럼 가정 방문을 통해 진행할까? 3D 안경과 핸드폰 카메라만으로 사회복지사가 클라이언트의 집에 직접 방문하지 않고도 인테이크가 가능할 것이다. 도시락 배달을 지금처럼 사람이 직접 들고 갈까? 드론이 도시락을 배달하고, 클라이언트의 얼굴을 확인하고 배달을 완료하고 올 것이다. 사회 교육 프로그램을 지금처럼 사회복지기관 내 강당이나 교육실에서 모여서 해야 할까? 홈트처럼 가정에서 핸드폰이나 PC, TV로 접속해서 비대면으로 강사와 이용자가 서로의 모습을 보면서 진행 가능하다. 1인 가구의 고독사 예방을 지금처럼 꼭 전화나 가정 방문, 우유 배달로 해야 할까? 사물 인터넷이 저렴해지고 보편화되면서 수백 명 이용자의 수면이나 혈압, 맥박 등이 사회복지사의 관찰 모니터 안에서 동시에 데이터로 관리되어 비상시에 자동으로 병원이나 경찰에 신고까지 되는 것이 더 효과적일 것이다.

이런 변화 속에서 사회복지사는 굳이 사회복지 시설로 출퇴근하지 않고 재택근무로 클라이언트를 지원하는 것이 가능할 것이라고 본다. 반드시 대면으로 서비스를 진행하는 소수 직무를 빼고는 대 전환이 생겨날 것이다. 그러면 사회복지사들도 지금처럼 주 40시간 출근하여 일하는 형태가 아닌, 자신의 전문 영역에서 프리랜서로 전환이 되지 않을까?

그리 먼 이야기가 아니라는 생각이 드는 것은, 이미 사회복지 영역에서는 많은 외부 전문 인력과 프리랜서 사회복지사들이 '계약', '용역', '강사', '컨설팅', '자문 위원'이라는 이름으로 사회복지 조직과 함께 일하고 있기 때문이다. 예전에 전 직원이 한 달 동안 하던 지역 욕구 조사를 사회복지 연구자에게 전문 연구 용역으로 진행한다. 예전에 상사가 부하 직원에게 하던 전문 교육이나 전문 슈퍼비전은 외부 강사를 활용한다. 예전에는 기관에서 직접 글을 쓰고 출력을 하고 제본까지 해서 소식지를 만들었는데 요즘에는 인쇄물 전문 업체에 글만 주면 알아서 만들어 준다. 예전에는 미션비전을 중간 관리자들이 밤을 새며 작성했는데, 요즘은 외부 컨설팅 업체와 계약해서 진행한다. 예전에는 사회복지사에게 영상 촬영법을 알려줘서 촬영을 시켰지만, 요즘은 전문가를 섭외한다. 예전에는 마을 행사를 하면 사회복지사들이 한복을 입고 사회를 보고 노래를 부르며 레크리에이션을 진행했지만, 최근에는 전문 MC나 행사 업체에 용역을 주고 맡긴다. 상담도 기초 상담만 담당 사회복지사가 하고, 그 외는 상담 전문가에게 비용을 지불하고 의뢰를 한다. 이렇게 점점 사회복지 영역 내에서도 욕구 조사, 교육, 슈퍼비전, 소식지, 미션비전 수립, 홍보 대행, 영상 촬영, 행사 진행, 상담, 프로그램 진행에서 외부 전문가들과 프리랜서 사회복지사들이 들어오고 있다.

이런 추세라면 사회복지계에서도 대부분의 직종이 계약직이나 프리랜서 또는 긱 워커로 바뀌어 갈 수도 있겠다는 생각이 든다. 더 이상 정규직이 아니라 매회 내 전문성을 바탕으로 새로 계약을 해야 한다면, 사회복지사로서 나의 전문성은 무엇일지 원점에서 다시 생각해야 한다. 평생직장 없이, 평생 직업만 있는 시대를 살아가기 위해서 우리는 전문가가 되어야만 한다. 전문가로 입소문 나는 퍼스널 브랜딩이 바로 우리가 미래 사회복지를 준비하는 시작점이 될 것이다.

3

사회복지사는
전문가인가?

　"사회복지사는 전문가인가?"라는 질문은 사회복지계의 오랜 논쟁거리이다. 전문가라면 법정 자격증이 있어야 하고, 보수교육을 해야 하고, 윤리 강령이 있어야 한다. 사회복지사 자격증이 국가 자격증으로 바뀌고, 법정 보수교육을 시행하고, 윤리 강령을 만들었지만 이 논쟁은 계속되고 있다. 왜 그럴까? 내가 아무리 전문가라고 해도, 다른 사람에게 전문가로 인식되지 않으면 나는 전문가가 아니다. 사회복지사 스스로 아무리 전문가라고 말해도, 일반 국민들의 인식 속에 전문가로 인식되지 않으면 사회복지사는 전문가가 아니라는 말이다.

 사회복지사는 아직 일반 국민에게 전문가로 인식되지 못하고 있다. 사회복지사는 전문직이라고 전공 교수님들과 선배들이 말하지만, 사회복지사 개인에게 당신은 어떤 전문가인지 물어보면 대답을 못한다. 직업은 전문직인데, 개인은 전문직이라고 인식을 못하는 아이러니가 발생한다. 사회복지사 스스로 전문직으로 인식하지 못하니, 일반 국민들도 우리를 전문직으로 인식하지 못하게 된다. 그런데도 신문이나 학원 광고를 보면 사회복지사가 유망한 직업군으로 오르내린다. 하지만 사회복지사는 이직이 많기로 유명하다. 내가 계속 일하고 싶어도 상사와 맞지 않아 비자발적인 퇴사를 할 수 있다. 지자체장이 바뀌면서 법인이 바뀌고, 운영 법인이 바뀌면서 기관장이 변경되는 경우도 종종 본다. 최고 관리자의 정년퇴임을 보기 어려운 상황에서, '정년까지 일할 수 있을까?'라는 질문에 자신 있게 대답할 사회복지사는 드물 것이다. 평생 하고 싶은 사회복지를 하기 위해서는 반드시 전문가가 되어야 한다.

 사회복지사 중에서 전문성을 바탕으로 책을 내거

나 강의를 하거나 유튜브를 운영하는 등 다양한 활동을 하는 사람들이 많이 생겨나고 있다. 일부 사회복지사는 퍼스널 브랜딩을 기반으로 프리랜서로 활동하거나, 창업을 하는 경우가 있다. 그러다보니 사회복지사가 한 분야의 전문가로 입소문이 나서 강의를 하거나, 책을 내거나, 글을 쓰면 퍼스널 브랜딩을 만들어서 퇴사한다고 우려해서 못하게 말리는 경우도 있다. 선배 사회복지사들이 후배나 동료 사회복지사를 질투, 시샘하고 업무에 집중하지 않는다고 폄하하는 일도 보수적인 사회복지 현장 특성상 왕왕 발생한다. 퍼스널 브랜딩을 만든 사회복지사를 진심으로 축하해 주는 조직과 기관장은 만나기 힘들다.

퍼스널 브랜딩은 개인과 조직, 사회복지계 모두의 발전을 위해 반드시 필요하다. 개인 차원으로는 평생 직장을 보장해줄 수 없는 현대 사회에서는 필수적인 활동이고 내가 전문가로 알려질 수 있는 발판이 된다. 퍼스널 브랜딩을 만든 사회복지사가 근무하는 기관은 좋은 기관으로 사회복지계에 명성이 알려지게 될 것이다. 개인의 성장을 통해 기관이 성장하는 시너지로 인적 자원 개발과 관리에도 효과적이다. 또 사회복지계 전체를 봤을 때도 퍼스널 브랜딩은 선한 영향을 끼친다. 전문성을 기반으로 활동하는 퍼스널 브랜딩 사회복지사는 사회복지 현장의 든든한 조력자이자 협력자로 조직 내 사회복지사의 전문적인 실천에 도움이 된다. 또 사회복지사가 왜 전문가인가를 가시화하여 보여줄 수 있는 중요한 인재들이다.

사람들이 퍼스널 브랜딩에 대해 오해하는 것이 있다.

첫째, 퍼스널 브랜딩은 조직이나 직책이 아니다. 내가 큰 사회복지 법인을 다니는 것이나, 역사가 오래된 기관을 다니는 것은 나의 소속 기관이지 퍼스널 브랜딩이 아니다. 내가 지금 어느 기관의 팀장, 과장, 부장, 관장인 것은 내 퍼스널 브랜딩이 아니다. 그 조직을 떠나는 순간 나는 아무것도 아니고, 그 직책이 끝나는 순간 나는 아무것도 아닌 것이다. 조직과 직책을 떠나서 내 이름 그 자체가 브랜드가 되어야 한다.

둘째, 일을 잘하거나, 오래 일한 것, 프리랜서 여부는 퍼스널 브랜딩이 아니다. 일을 잘하는 사회복지사는 훌륭한 직원이고, 장기 근속하는 사회복지사는 직장을 오래 다닌 훌륭한 직장인이다. 반대로 퍼스널 브랜딩은 무작정 퇴사를 한다고 만들어지는 것이 아니다. 현재 프리랜서로 활동하는 사회복지사들이 많지만, 그들 모두가 퍼스널 브랜딩이 되었다고 말할 수는 없다. 또 현직에서 일하고 있다고 퍼스널 브랜딩을 만들 수 없는 것도 아니다. 퍼스널 브랜딩은 내가 얼마나 오래 일했는지, 퇴사 여부, 프리랜서 여부와 상관없이 한 분야의 전문가로 사람들에게 인식되었는가에 달려 있다.

셋째, 퍼스널 브랜딩은 마당발이나 N잡러, 다재다능한 재주꾼을 말하는 것이 아니다. SNS에 이웃들이 많고 여러 네트워크에 참여하는 것은 모임을 좋아하는 사람, 아는 사람이 많은 사람, 사회성이 좋은 사람인 것이다. 그런 것은 네트워크 활동이라고 하지 퍼스널 브랜딩이 되었다고 말하지 않는다. 또 사회복지사로 일하면서 강의도 하고, 사회도 보고, 멘토 활동도 하고, 매거진에 글을 쓰거나 책을 내는 사람은 N잡러라고 부르지 퍼스널 브랜딩이 되었다고 말하지 않는다. 노래도 잘하고 춤도 잘 추고 종이접기를 하고 그림도 그리고 자전거를 잘 타는 사회복지사라고 그것을 퍼스널 브랜딩이라고 부르지 않는다. 그런 재주는 그 사람의 특징일 뿐이다. 그런 재능으로 어떤 사회복지 실천을 하는지, 그것이 사회의 문제 해결과 사회복지계의 문제 해결에 어떤 가치와 의미를 남겨 전문가로 인식되는가에 따라 퍼스널 브랜딩이 될 수도 있고 아닐 수도 있다.

즉 '사회복지 글쓰기' 하면 전안나, '웰다잉' 하면 강원남, '사회복지 홍보' 하면 김근태, '문화기획' 하면 김대근, '강점관점 사례관리' 하면 이혜주, '모금' 하면 정현경, '사회복지 장사꾼' 하면 김태웅, '심리교육 정신건강 사회복지사' 하면 김은선, '복지만화가' 하면 이창신으로 사람들에게 인식되고 검색되었을 때, 우리는 퍼스널 브랜딩이 되었다고 말할 수 있다.

4

퍼스널 브랜딩을 만드는
5단계

　그럼 어떻게 하면 퍼스널 브랜딩을 만들 수 있을까? 퍼스널 브랜딩이 되기 위해서는, 제일 먼저 나의 전문 분야를 설정해야 한다. 그 전문 분야에 사람들이 관심이 있는지 시장성을 파악한 후, 퍼스널 브랜딩 슬로건을 만들어서 선언해야 한다. 퍼스널 브랜딩에 도움되는 도구를 활용해서 전문 지식과 기술을 가진 전문가로 사람들에게 인식되어야 한다. 사람들에게 전문가로 인식되었다면 지속적으로 브랜딩을 확장하고 성숙시키는 과정이 필요하다. 이를 구체적으로 설명하면 5개의 단계로 구분된다.

❶ 자기 인식

퍼스널 브랜딩을 만들 때는 두 가지 질문을 중심으로 자기 인식이 필요하다.

첫 번째 질문은 "1년 뒤, 3년 뒤, 5년 뒤 나는 어떤 전문가로 사람들에게 인식되고 싶은가?"이다. 퍼스널 브랜딩을 만들면 한 분야의 전문가로 인식되기 때문에 내가 되고 싶은 최종 모습을 시작점으로 삼는 것이다. 5년 뒤에 상담 전문가가 되고 싶은지? 사례관리 전문가가 되고 싶은지? 주민 조직화 전문가가 되고 싶은지? 노인 성교육 전문가가 되고 싶은지? 장애인 낮활동 지원 전문가가 되고 싶은지 등 구체적인 모습을 생각해 보자.

두 번째 질문은 나의 특징이 무엇인지 적어 보고, 그중에서 남들과 다르게 최고이거나 최초이거나 차별화되는 역량이 무엇인가 생각해 보는 것이다.

❷ 시장성 분석하기

내가 어떤 전문가로 사람들에게 인식되고 싶은지와 내가 가진 역량 중에서 최고, 최초, 차별화되는 역량이 무엇인지 찾았다면 한 가지 질문을 더 해야 한다. 바로 '시장성'이다. 내가 고심하여 퍼스널 브랜딩을 만들었는데, 사람들이 이에 관심이 없다면 퍼스널 브랜딩을 만든 의미가 없을 것이다. 즉, 수요가 있어야 공급이 발생한다.

　이를 질문으로 바꾸면 "내가 생각하는 분야에 개인 및 기관이 기꺼이 비용을 지불할 것인가?"가 된다. 예를 들어 내가 '대학생 사회 기부 전문가'가 되고 싶은데, 대학생들이 사회 기부에 관심이 없고 강의를 해도 듣지 않고 책을 써도 읽을 생각이 없고 어느 기관에서도 이 주제로 강의 요청을 하지 않는다면, 나는 퍼스널 브랜딩을 발휘할 수 없을 것이다. 내가 무료로 재능 기부를 한다고 할 때도 마찬가지다. 요즘 사람들은 공짜를 좋아하지 않는다. 세상에 진짜 공짜는 없기 때문이다. 강사가 무료 강의를 하더라도 참가자들은 자신의 시간을 비용으로 지불하는 것이다. 강의 장소까지 이동해야 하고, 하던 일을 멈추고 어쩌면 그 때문에 야근을 해야 할지 모르지만 기꺼이 교육을 들어야 하는 기회비용을 지불할 가치가 없다면 사람들은 싫어한다. 무료로 재능 기부를 했는데 듣는 사람들이 시간만 아깝다는 반응을 보인다면, 내

입장에서도 기분이 좋지 않고 보람을 느끼지 못해서 결국 장기적으로 이어갈 수 없다.

냉정하게 생각해야 한다. 지금 내 핸드폰의 수많은 연락처는 잊어라. 나를 강사로 부르고, 내가 쓴 전문 분야 책을 사서 볼 사람, 나에게 컨설팅을 의뢰할 사람은 내 지인 중에 없다고 생각해야 한다. 이 책의 저자들 중 지인들의 인맥으로 성공한 사람은 하나도 없다. 모두 전문가로 입소문이 나서 모르는 사람들이 연락을 해 오고, 그들이 다시 입소문을 내서 퍼스널 브랜딩이 된 것이다.

내가 이 분야의 강의를 한다고 하면, 나를 모르는 사람 중 어느 기관, 어느 대상에서 이 강의를 들을 것인가? 내가 이 분야에 책을 쓴다면 누가 이 책을 돈 주고 사서 볼 것인가? 이 수요가 일회성으로 끝날 것인지, 최소 3년 이상 이어질 것인가에 대해 진지하게 생각해야 퍼스널 브랜딩을 전문적으로 발전시킬 수 있다. 이를 객관적으로 확인할 수 있는 방법은 '비용 지불 의사'이다. 나의 전문성을 무료가 아니라 비용을 지불하고서라도 기꺼이 활용할 수요가 있는지 파악해야 한다. 시장성을 염두에 두지 않으면, 여러분은 몇 달간의 수고에 지쳐 퍼스널 브랜딩을 포기할 가능성이 높다.

❸ 퍼스널 브랜딩 슬로건 만들기

내가 어떤 전문가가 되고 싶고 내가 생각하는 분야에 시장성이 있는지 찾았다면, 이제 퍼스널 브랜딩 슬로건을 만들어야 한다. 슬로건은 사람들에게 내가 어떤 전문가인지 간결하게 인식시켜 주기 위해서 나의 가치와 전문성이 들어가게 하나의 문장으로 간결하게 작성한다.

퍼스널 브랜딩 슬로건은 '약속'이다. 내가 어떤 사람이고, 내가 상대에게 무엇을 제공해 줄 수 있고, 나와 만나면 어떤 도움이 되는지 차별화된 지점을 알려주는 약속이다. 예를 들면, 정현경 사회복지사는 연대로 모금을 어떻게 하는지 알려줄 수 있다. 김은선 사회복지사는 정신건강 사회복지사 경력을 바탕으로 정신 장애인과 비장애인에게 심리교육을 할 수 있다. 이혜주 사회복지사를 만나면 당사자와 함께하는 강점관점 사례관리를 배울 수 있다. 이 약속을 지킬 수 있는 사람이라는 것이 바로 퍼스널 브랜딩 슬로건에

담기는 것이다. 다음 저자들의 슬로건을 참고해 보자.

- ▸ 연대로 모금하는 모금 전문 사회복지사, 정현경
- ▸ 감정과 대화로 심리교육하는 정신건강 사회복지사, 김은선
- ▸ 좋은 정보를 필요한 현장에 잘 전달하는 복지꿀팁, 김근태
- ▸ 당사자와 함께 실천하는 강점관점 사례관리, 이혜주
- ▸ 행복한 죽음 복지를 실천하는 웰다잉 플래너, 강원남
- ▸ 파편화된 사회를 문화로 잇는 문화기획자, 김대근
- ▸ 장사로 사회복지하는 사회복지 장사꾼, 김태웅
- ▸ 국내 1호 사회복지만화가, 이창신
- ▸ 책으로 글로 사람을 돕는 베스트셀러 작가 사회복지사, 전안나

9명의 퍼스널 브랜딩 사회복지사가 무엇을 약속하는지 보이는가? 나의 가치와 전문성이 드러나는 퍼스널 브랜딩 슬로건을 만들어 보자.

❹ 퍼스널 브랜딩 도구 만들기

퍼스널 브랜딩은 내가 슬로건만 외친다고 사람들에게 알려지지 않는다. 슬로건을 달성하기 위해 공부하고, 기술을 익히고, 자격을 취득하고, 경험을 쌓고, 연대하며 실질적인 활동을 해야 한다. 퍼스널 브랜딩 도구는 전문 분야에 대한 글이나 책을 쓰거나, 강의를 하거나, 창업, 창직, SNS, 방송 출연, 공부, 모임이나 단체 만들기, 재능 기부와 후원 등이 있다.

이 책의 저자들 역시 다양한 도구를 활용하고 있다. 저자들 중 한 명의 퍼스널 브랜딩 도구를 살펴보면 김근태 사회복지사의 경우 '복지꿀팁'을 브랜딩하였고, 홍보 강의와 컨설팅, 마케팅 대행사를 운영하고 있다. 네이버 인물 검색에 등록되었으며, 운영하는 SNS는 페이스북, 네이버 블로그와 티스토리, 비영리 홍보 실무 카카오톡 오픈 채팅방, 사회복지 홍보 채널 페이스북 그룹이 있다.

저자들 9명 중 9명 전부 SNS를 1개 이상 운영하고 있다. 9명 중 8명이 강의, 자문, 슈퍼비전을 하고 있다. 9명 중 7명은 언론에 노출되었고, 9명 중 7명은 창업을 했다. 9명 중 6명이 관련 모임이나 단체 활동을 하고 있다. 9명 중 5명은 책을 썼거나 지금 쓰고 있다. 9명 중 5명은 정기적으로 외부 신문이나 매거진에 칼럼을 쓰고 있다. 9명 중 4명은 박사 과정을 졸업했거나 재학 중이다. 9명 중 3명은 창직을 했다. 9명 중 3명은 협업하는 직원 동료가 있다. 9명 중 1명은 네이버 스마트스토어에 교구를 판매하고 있다. 나의 퍼스널 브랜딩을 어떤 도구로 활용하여 사람들에게 인식시키는 것이 좋을지 저자들의 사례를 참고해 보자.

❺ 퍼스널 브랜딩 확장과 발전

퍼스널 브랜딩은 저절로 생기지 않는다. 퍼스널 브랜딩을 만드는 과정은 힘들다. 결코 쉽지 않다. 하고 싶다고 아무나 할 수는 없다. 퍼스널 브랜딩은 최소 3년에서 5년 이상 준비해야 사람들에게 겨우 인식되기 시작한다. 또, 한 번 만들었다고 영원한 것도 아니다. 평생에 걸쳐서 확장과 성장을 지속하지 않으면 도태되기 마련이다.

퍼스널 브랜딩의 확장과 발전은 크게 세 가지 방향으로 추진해야 한다.

첫째, 실력이다. 퍼스널 브랜딩을 만든다는 것은 스페셜리스트가 되는 것이다. 전문 영역에 특화되는 실력이 있어야 한다. 사회복지사치고 괜찮네가 아니라, 최소 일반 전문가 수준은 되어야 한다. 사회복지사들은 고학력자들이 많다. 자기 계발도 열심히 한다. 그래서 보는 눈이 높다. 이제는 싼 게 비지떡인 시절은 지났고, 비영리이지만 영리 못지않은 성과물을 내야 하는 시대가 되었다. 퍼스널 브랜딩 사회복지사도 마찬가지이다. 일반인 전문가 수준의 실력에 사회복지 현장에 대한 이해가 더해졌을 때, 우리는 전문 사회복지사로 퍼스널 브랜딩이 될 수 있다.

둘째, 말과 행동의 발전이다. 전문가에 걸맞은 말과 행동을 해야 한다. 여러분의 전문성은 안에 숨어 있기 때문에 겉으로는 보이지 않는다. 보이는 건 말과 행동, 그리고 비언어적인 행동이다. 따라서 퍼스널 브랜딩과 일치하는 말과 행동을 해야 한다. 나아가 전문 분야의 최신 트렌드에 누구보다 밝아야 한다. 이를 어떻게 접목해서 동료 사회복지사들에게 도움이 될 수 있을까 먼저 고민해야 한다. 이를 위해 퍼스널 브랜딩 사회복지사는 끊임없이 공부하고 배워

말과 행동이 일치하고 발전하는 모습을 보여주어야 한다.

셋째, 외양이다. 의사의 권위는 하얀 가운에서 나온다는 말이 있다. 사회복지사가 전문가로 보이지 않는 이유 중 한 가지는 외양도 있다고 생각한다. 여러 사회복지기관에 가 보면 보통 사회복지사들은 티셔츠에 슬리퍼를 신고 사무실에 있다. 이용자를 대면할 때는 앞치마를 입는 기관도 있고, 푸드 뱅크 조끼를 입는 기관도 있다. 만약 의사가 티셔츠에 앞치마를 입고 있거나, 병원 로고가 적힌 조끼를 입고 있다면 전문가로 인식될까? 아마도 아닐 것이다. 사회복지사가 전문가처럼 보이고 싶다면 최소한 깔끔한 직장인의 모습 정도는 갖추는 것이 필요하다. 생활 시설이다 보니 옷이 더러워질까 봐 걱정된다면, 카디건이나 가운을 맞추는 것은 어떨까? 그것마저 힘들다면 출퇴근을 할 때만이라도 전문가처럼 보이는 외양을 갖추자.

사람들에게 전문가로 인식되고 싶다면 이에 걸맞은 외양을 갖추어야 한다. 내가 강의를 하고 싶다면 언제 누가 나를 보더라도 강사처럼 보이게 입어야 한다. 상담 전문가가 되고 싶다면, 언제 어디서 클라이언트를 만나더라도 상담 전문가처럼 보여야 한다. 나의 외양을 퍼스널 브랜딩에 맞게 발전시키는 것도 퍼스널 브랜딩에 큰 영향을 끼친다. 사람의 첫 인상은 3초 만에 판가름나기 때문이다.

5

사회복지사의
퍼스널 브랜딩 준비

사회복지 영역에서 퍼스널 브랜딩을 하고 싶다면 세 가지를 꼭 염두에 두고 준비하자.

❶ 평판 관리와 경력 관리

퍼스널 브랜딩을 만들기 위한 전제 조건은 반드시 내가 하는 일에 프로가 되는 것이다. 지금 프로가 아니라 아마추어처럼 일하면서, 일을 못한다고 욕먹으면서 퍼스널 브랜딩을 말하는 것은 어불성설이다. 그냥 사회복지사가 아니라 프로가 되어야 업무 능력을 바탕으로 내 이름이 브랜드가 되는 퍼스널 브랜딩이 가능하다. 일도 못하고 성과도 없으면서 퍼스널 브랜딩을 말하는 것은 그저 일을 하기 싫은 '현실 도피'라고 생각한다. 퍼스널 브랜딩은 나에 대한 평판에서부터 시작된다. 지금 같이 일하는 동료에게조차 전문가로 인정받지 못하는데, 나를 모르는 사람에게 전문가로 퍼스널 브랜딩이 될 수는 없다. 반드시 3~5년 미래를 내다보며 평판과 경력을 관리해야 한다.

❷ 사회복지사 보수교육 강사 자격 갖추기

내가 퍼스널 브랜딩을 하고 싶은 분야가 사회복지 관련 분야라면 최소한 보수교육 강사 자격을 갖추는 것이 좋다.

보수교육 강사 양성 과정 교육은 비정기적으로 진행된다. 꼭 강사 양성 과정을 이수하지 않아도 지원해서 선정되면 강사로 활동할 수 있고, 보수교육 강의를 통해 강사로 훈련도 받을 수 있다. 강의 시에는 다양한 기관의 실무자들이 참여하기 때문에 여러분 강의가 좋다면 개별 기관 강의나 용역으로 연결되는 아주 훌륭한 네트워크 및 홍보의 장이 된다. 사회복지사 보수교육 강사는 1급 자격증을 취득하고 현직자는 만

7년의 경력, 퇴사자는 만 10년의 경력을 갖추면 응시할 수 있다. 사회복지사 1급을 취득하고 7년 이상 사회복지 조직에서 근무하자. 만 7년이 되면 내가 전문성이 있다고 생각되는 주제로 사회복지사 보수교육 강사로 응모하고, 망설임 없이 강의를 시작하자. 퇴사를 고민하고 있다면 퇴사 강사 기준인 만 10년 경력을 채운 후 퇴사를 고려하자. 보수교육 강의가 계속 들어오고, 이후 개별 기관 강의나 컨설팅, 자문까지 들어온다면 여러분의 관심 분야가 시장성이 있고, 실력을 갖추었다는 증거가 될 수 있다.

만약 내가 생각하는 분야가 사회복지 분야가 아니면 다른 방법도 가능하다. 내가 직접 강의를 개설하는 것이다. 개인 SNS를 활용해서 내가 관심 있는 분야의 강의를 직접 개설해서 진행하며 경험을 쌓자.

직접 개설하는 것이 어렵다면, 여러 공공기관에 강사로 등록하는 것도 가능하다. 사회복무청, 평생교육원, 50플러스센터, 서울시민대학, 도서관, 사회복지사협회, 마트나 백화점 문화센터에서 모집하는 강사에 지원해도 좋다. 또 서울사회복지사협회에서 운영하는 탐서클, 휴먼임팩트 협동조합에서 운영하는 온라인 강좌, 꿈앤컴퍼니의 온라인 강좌 등 다양한 기관에 강사 지원 이력서와 계획서를 제출해 보자. 그 경험들이 경력이 되고 나중에는 내가 먼저 찾아가지 않아도 강의 제안이 들어오는 순간이 온다. 언제든지 강의를 할 수 있는 준비를 미리 해 두자.

❸ 사회복지사로서 정체성을 분명히 하라

사회복지사가 퍼스널 브랜딩을 만드는 것은 내 개인의 전문성을 인정받고, 사회복지계와 사회 문제에 좀 더 전문성으로 개입하기 위함이다. 단순히 돈을 벌거나 유명해지기 위해서라면 하기 힘든 길이다. 지금 근무하는 기관에 만족하여 주어진 일을 열심히 하는 것이 더 쉽다. 최소 3~5년은 아무런 수입 없이, 오히려 개인의 시간과 돈을 투자하며 고생해서 만들어야 한다. 그럼에도 불구하고 내가 어떤 전문가가 되고 싶은지, 다른 사람이 아닌 나만이 할 수 있는 차별성이 무엇인지, 그것이 우리 사회복지계와 사회 문제 해결에 어떤 도움이 될 것인지, 내가 무엇을 기여할 수 있는지, 어떤 사회적 가치를 창출할 것인지 생각하며 만들어야 한다.

퍼스널 브랜딩을 만들기 위해 반드시 퇴사할 필요는 없다. 이 책의 저자들은 모두 현직에서 했던 업무에서부터 퍼스널 브랜딩이 되어 전문가로 소문났다. 아직 현직에서 일하며 퍼스널 브랜딩을 하는 사람도 있고, 현직과 퍼스널 브랜딩을 겸하는 사람도 있다. 현직에서 퍼스널 브랜딩을 만드는 것이 더 유리한 점도 많다. 내가 지금 일하고 있는 조직에서 퍼스널 브랜딩을 어떻게 발휘할 것인가, 우리 조직에 어떻게 기여할 것인가, 우리 사회복지계에 어떻게 기여할 것인가를 우선 고민하자.

프리랜서가 되거나, 창업을 하는 것은 퍼스널 브랜딩 여부가 아니라 근무 형태의 문제이다. 프리랜서가 되는 것은 조직이 아닌 개인으로 일하는 것이다. 사회복지 조직을 나와서 창업을 하는 것은 다른 사람들과 협력을 하기 위함이다. 꼭 프리랜서가 되거나 창업을 해야 퍼스널 브랜딩을 할 수 있다고 생각하는가? 그렇지 않다. 내가 관심 있는 사회 문제를 조직에서 해결할 것인지, 개인으로 해결할 것인지, 창업으로 해결할 것인지에 따라 근무 형태가 달라질 뿐이다. 퍼스널 브랜딩은 여러분의 소속 기관이나, 직위에 달린 것이 아니라 여러분의 이름에 달린 것이다.

이 책의 저자 9인은 현직에서 근무 중인 사회복지사도 있고, 프리랜서도 있고, 회사를 창업한 사람도 있다. 비자발적인 퇴사를 당한 경우도 있고, 겸직으로 퍼스널 브랜딩을 만든 후 독립을 한 경우도 있고, 자발적 퇴사 후 본격적으로 퍼스널 브랜딩을 만든 사회복지사도 있다. 모두 1급 사회복지사 자격증을 소지하고 있으며, 현장 경력 최소 8년부터 최대 27년차 사회복지사이다. 퍼스널 브랜딩을 만들기 위해 최소 5년 이상 최대 23년간 노력하고 있다.

9명 사회복지사 중 4명은 사회복지 현장에서 하던 업무인 모금, 심리교육, 홍보, 사례관리를 발전시켜 퍼스널 브랜딩을 만들었다. 3명은 새로운 사회복지 영역을 만들어 죽음 복지, 문화 복지, 사회복지 장사로 창직을 하였다. 2명은 만화 그리기와 책 쓰기로 영리와 비영리를 합쳐 퍼스널 브랜딩을 만들었다.

퍼스널 브랜딩을 어떻게 만들었고 만든 후에는 무엇이 좋은지 9인 저자의 실제 사례를 살펴보면 큰 도움이 될 것이다. 전문성을 기반으로 퍼스널 브랜딩을 만들어서 모든 사회복지사가 전문가로 인식되고, 오래오래 현장에서 만날 수 있기를 기대한다.

좋아하는 사회복지를 더 잘하기 위해 퍼스널 브랜딩을 만든 사회복지사 9명의 생생한 이야기를 이제 시작한다.

2부

전문

사회복지사

현직 업무를 전문화시킨
퍼스널 브랜딩 사회복지사 4인의 이야기

김근태 비영리 마케터

3종 복지관 홍보 담당자에서
사회복지 홍보 컨설팅과 비영리 마케팅 대행사 대표가 되다

#사회복지 홍보 #비영리 마케팅 #홍보 마케팅 강사 #홍보 대행사 #복지꿀팁

홍보하는 사회복지사

꿈과 달랐던 사회복지 현장

나는 좋은 정보를 필요한 현장에 잘 전달하는 '복지꿀팁' 김근태 사회복지사이다. 노인, 장애인, 사회복지관 등 3종 복지관에서 홍보 담당 사회복지사로 업무를 했고, 지금은 사회복지 홍보 강사, 홍보 컨설턴트, 홍보 대행사 대표로 활동하고 있다. 개별 사회복지기관에서는 주로 강의를 하고 있고, 여러 사회복지재단과 사회서비스원에서는 홍보 대행과 컨설팅을 하고 있다.

나에게 사회복지는 꿈이었다. 어린 시절 비닐하우

스로 지어진 중증 발달 장애인 생활 시설에서 장애인을 섬기는 목사님의 모습에 깊은 감동을 받았다. 사회를 위해 나는 무엇을 할 것인가에 대한 고민을 풀기 위해 사회복지사로 진로를 선택했다. 그러나 실제 사회복지는 내가 상상했던 모습과 크게 다르다는 것을 사회에 첫발을 내딛자마자 느끼게 되었다.

계약직으로 시작한 첫 직장의 월급은 90만 원이었다. 당시 노인 일자리 업무는 최저 임금에 미치지 못하는 개발원 인건비 매뉴얼 때문에 일 6시간만 근무하는 것으로 계약서를 작성했으나, 야근을 해도 따라가기 힘들 만큼 일이 밀렸다. 여러 이유로 계약직은 서러움의 일상이었다. 점차 내게 사회복지는 보람과 의미가 없는 일로 변해갔다. 변화가 필요했다.

계약만료 후 새로 입사한 복지관에서는 홍보를 담당했다. 노력 대비 결과가 모호한 사회복지 업무 중에서 눈에 보이는 성과가 뚜렷한 홍보는 참 매력적이었다. 상황에 맞게 고민하며 일할 수 있다는 것도 큰 기쁨이었다. 특히 디지털 기기를 잘 다루는 나는 홍보 사업이 적성에 잘 맞았다. 하지만 인사이동으로 보직이 바뀐 후 새 업무에서 나는 소진되었고, 20대에 찾아온

고혈압 판정과 함께 두 번째 복지관을 떠났다. 이후 나에게 맞는 업무를 찾는 것은 단순히 적성이 아닌 생존의 문제가 되었다.

3종 복지관의 여러 사업을 경험하면서 알게 된 것은 나에게 제일 잘 맞는 일은 '홍보'라는 것이다. 노인, 장애인, 종합 복지관에서 홍보 업무를 했을 때, 가장 창의적이고 가장 즐겁게 일할 수 있었다. 하지만 안정을 추구하는 보수적인 사회복지 조직에서 변화를 추구하기란 어려운 일이다. 새로운 시도는 조직을 설득하는 과정이 필요한데, 나는 상사를 설득하는 과정에서 에너지를 다 쓰고 지치는 일이 잦았다. 결국 조직이 아닌, 개인적으로 목표를 세우고 실천해 보기로 했다. 퇴근 후 매일 공부했고, 학습한 내용을 블로그에 올렸다. 당시에는 퍼스널 브랜딩이라는 용어를 알지 못하였으나, 나의 퍼스널 브랜딩 네이밍이 된 '복지꿀팁'은 이렇게 시작되었다.

퍼스널 브랜드, 복지꿀팁의 시작

성장을 하기 위해서는 공부를 해야 한다. 또 공부한 것을 잘 정리하지 않으면 막상 필요한 순간에 찾을 수가 없다. 새로 알게 된 정보를 하나도 놓치고 싶지 않았기에 쉽게 기록하고 찾을 방법을 고민했다. 당시 많은 사람들이 업무 용도로 네이버 블로그를 활용했는데, 나도 사회복지사를 위한 실무 정보를 담은 블로그를 개설하고 매일 공부한 정보를 작성했다. 사회복지 관련 정책, 제도, 이슈, 매뉴얼 등 업무에 도움이 되는 주제를 폭넓게 공부했다.

공부는 내 업무 능력을 키우기 위한 자기 계발 활동이었으나, 결과적으로 퍼스널 브랜딩을 만드는 데 도움이 됐다. 관련 책을 읽으면서 '브랜딩'이라는 개념을 접했다. 길고 복잡했던 블로그 이름을 쉽고 기억되기 좋은 명칭인 '복지꿀팁'으로 바꾸었다. 로고는 방문자의 성별과 연령을 고려하여 친근한 느낌을 주는 꿀벌을 선택했다. 좋은 정보를 필요한 현장에 전달하겠다는 개인 미션도 이때 만들었다.

퍼스널 브랜드의 성과와 퇴사 계기

기관에 속해 있을 땐, 조직을 설득하지 못해 무산된 아이디어가 많았다. 또한 상급자의 의견에 따라 업무의 방향이 바뀌어 내가 기대했던 모습과 전혀 다른 결과로 인해 속상했던 일도 있었다. 안정을 추구하는 기관에서는 성과를 내는 성공의 경험도, 다음 성장의 기반이 되는 실패의 경험도 쌓을 수 없었다. 반면 기관과 무관하게 시작한 복지꿀팁은 내 삶에 엄청난 변화를 가져다주었다. 내 고민을 온전히 프로젝트에 반영할 수 있었기에 끊임없이 새로운 아이디어가 떠올랐다. 성장하는 느낌이 들자, 삶에 활력이 생겼다. 하루하루가 즐거웠다. 반복된 공부 끝에 복지꿀팁은 많은 사회복지기관에서 추천하는 블로그로 성장했다. 다른 강사들이 사회복지 브랜딩 사례로 복지꿀팁을 소개하거나, 현장에서 내가 작성한 글을 업무나 학교 과제로 사용했다는 선생님들을 만나다 보니 '브랜딩에 성공했구나' 하고 실감이 났다.

나는 마케팅 기술을 익혔기에, 공부한 기술을 업무에 활용하고 싶었다. 하지만 보수적인 사회복지 조직과 상사를 설득하는 과정은 나를 지치게 만들었다. 시간이 흘러 포기하고 싶은 마음이 들었다. 나는 마음을 다스리기 위해 '나도 언젠가 쓸 데가 있겠지', '다 때가 있다'라고 적힌 볼펜과 이태리타월을 항상 부적처럼 갖고 다녔다. 포기하고 싶어도 시퍼렇게 날 선 칼처럼 실력을 계속 갈고닦아야 했다. 나는 이직이 잦았기 때문이다. 직장인은 한 조직에서 오래 근무해야 관리자로 성장하는 기회를 얻을 수 있다. 첫 직장에 입사해서 장기 근속한 사회복지사가 마치 명예로운 기사와 같은 존재라면, 여기저기 옮겨 다녔던 나는 혈통 없는 용병과 같은 존재였다. 쓸 만한 실력마저 없다면 살아남을 수 없었다. 어떤 과업이 떨어져도 해결할 수 있는 역량을 갖춰야 했다. 나는 매일 공부했고 깊게 몰입해서 일하는 습관과 능숙한 디지털 활용으로 업무 생산성을 높였다.

하지만 정해진 시간 안에 모든 일을 처리하고 정시에 퇴근하는 내 모습을 기관은, 내 업무가 적어서 야근하지 않는다고 판단했다. 담당한 기존 업무에 막내 직원 업무 절반을 가져오는 업무 분장 조정이 있었다. 감당할 수 없을 만큼 늘어난 업무를 받아들이는 대신 연차에 맞게 성장할 기회를 기관에 요청했으나 받아들여지지 않았다. 업무의 양은 늘어났지만 질적인 성장 가능성은 보이지 않았다. 결국 나는 조직에서 더 성장할 수 없다고 판단했고, 프리랜서로 독립을 결심했다.

프리랜서 사회복지사로 자리잡기

조직에서 주어진 일을 빨리, 많이 처리하는 노력은 독립하고 오히려 빛을 보게 되었다. 나는 자연스럽게 혼자 모든 일을 해야 하는 1인 기업에 최적화된 사람이 되어 있었다. 조직에서 주어진 과중한 업무는 나를 소모시켰지만, 독립하여 권한을 갖고 일하니 성장의 발판이 되었다. 일은 한쪽으로 쏠리는 속성이 있다. 바쁠 때 계속 일이 생기고 일을 잘하는 사람에게 또 다른 새로운 일이 들어온다. 그동안 나를 힘들게 했던 일 쏠림 현상이 독립 후에는 긍정적으로 변했다. 강의를 잘하려고 노력할수록 더 많은 강의가 들어오고, 열심히 일할수록 새로운 일이 늘어났다. 일이 있어야 생존할 수 있는 프리랜서에게 일복은 정말 최고의 복이다. 나는 일이 많아서 정말 행복하다. 나는 혼자 활동할 때 더 폭발적인 성과를 내는 사람이라는 것도 깨닫게 되었다.

그런데 조직을 나온 후 정체성의 혼란이 찾아왔다. 사회복지기관에 속하지 않는 사회복지사라니, 이제 나를 어떻게 소개해야 하지? 언제나 '○○복지관의 사회복지사 김근태'라고 소개하던 나에게 소속이 없다는 것은 상당히 혼란스러운 일이었다. 선배 프리랜서에게 이 혼란스러움에 대해 상담을 청하자 '사회복지사의 정의에 대해 본인의 생각을 정리해 보라'는 조언을 받았다. 고민 끝에 나는 좋은 정보를 필요한 현장에 전달하겠다는 개인의 미션이 떠올랐다. 유용한 정보로 사회복지 현장을 돕는다면, 나의 활동도 간접적인 사회복지 실천으로 볼 수 있다는 생각이 들었다. 선배의 조언 덕분에 사회복지사로서 나를 다시 정의할 수 있었다. 나는 "좋은 정보를 필요한 현장에 잘 전달하는 복지꿀팁 김근태 사회복지사"이다.

일반적으로 프리랜서는 자리를 잡을 때까지 3년 이상의 시간이 필요하다. 이는 업계에서 평판이 쌓이고 전문가로 알려질 때까지 걸리는 최소한의 시간이다. 퍼스널 브랜드를 만들기 시작한다면 최소 3년은 생각하고 시작해야 한다. 그러나 나는 다른 프리랜서보다 빠르게 자리를 잡을 수 있었는데, 그 이유는 크게 세 가지이다.

첫째, 퍼스널 브랜드와 채널을 갖추고 독립했다. 퇴사 전부터 복지꿀팁은 사회복지계에 널리 알려진 상태였다. 복지꿀팁을 만든 김근태가 홍보 강의를 시작했다는 소식이 알려지자, 사람들이 믿고 강의를 의뢰했다. 상시 운영되는 연간 15만 명이 넘게 방문하는 네이버 블로그와 사회복지사 친구가 4천 명이 넘는 페이스북은 내 강의를 홍보할 수 있는 효과적인 채널이었다. 이처럼 독립하기 전에 미리 인지도를 쌓고 홍보 채널을 갖춘 상태로 프리랜서를 시작한 것이 공백 없이 바로 자리를 잡을 수 있었던 가장 중요한 이유라고 생각한다.

둘째, 콘텐츠와 기술을 미리 준비했다. 나는 코로나 초기인 2020년 5월에 강의를 시작했다. 팬데믹은 모든 것을 바꿔놓았는데, 나에게는 오히려 기회였다. 기관 사업이 비대면으로 전환되면서 온라인 홍보와 디지털 역량 강화 교육 수요가 폭발적으로 늘어났다. 준비된 사람에게 위기는 곧 기회라는 말이 있다. 대면으로 진행되던 강의도 비대면으로 모두 바뀌었는데, 비대면 강의에 능숙하고 장비도 모두 마련한 나에게 강의가 쏟아졌다. 한 번 강의를 진행한 기관은 높은 만족도로 대부분 재강의로 이어졌다.

셋째, 새로운 시도를 두려워하지 않았다. 독립 후 얼마 지나지 않아 서울시 공공기관에서 새로운 홍보 대행사를 찾고 있다는 것을 알게 되었다. 용역은 정기적으로 SNS 콘텐츠를 제작하는 일이었다. 홍보 대행은 처음이지만 그동안 쌓아온 마케팅 기술과 콘텐츠 제작 기술을 활용할 기회였다. 나는 주저 없이 지원했고 창업 4개월 만에 재단의 홍보 용역을 계약하게 되었다. 이후 여러 사회서비스원의 홍보 용역과 기관, 단체, 협회에서 의뢰하는 콘텐츠를 제작해서 납품하는 일도 함께하고 있다. 만약 안 해 본 일이라고 망설였다면 공공기관 홍보 용역을 4년째 재계약에 성공하는 경험은 물론, 홍보 대행사 운영도 할 수 없었을 것이다.

퍼스널 브랜딩 사회복지사로 살아남기 위한 노력

이름이 브랜드인 사회복지사는 살아남기 위한 노력을 해야 한다. 퍼스널 브랜딩은 한 번 만들었다고 끝이 아니다. 전문성을 위한 노력과 방향을 유지하기 위한 노력, 퍼스널 브랜딩 채널을 만들고 유지하기 위한 노력이 필요하다.

첫째, 퍼스널 브랜딩을 위한 자기 계발을 해야 한다. 나는 공부를 좋아하는 사람이 아니었다. 사회복지사는 따뜻한 마음만 있으면 된다고 생각했었지만 현장은 그렇지 않았다. 좋은 사회복지사가 되기 위해서는 문제를 잘 해결하는 능력이 있어야 했다. 좋은 사회복지사가 되고 싶었다. 일을 잘하기 위해 메모하고 공부했다. 실무에 도움이 되는 강의는 개인적으로 수강료를 내서라도 배웠다.

사회복지에 대한 교육 다음은 홍보에 대한 공부이다. 비영리 홍보를 잘하기 위해 브랜드를 공부했다. 일반 기업의 마케터가 공부하는 내용을 공부했다. 네이버와 구글의 알고리즘, 스마트 워크부터 사무 자동화까지 배웠다. 사회복지학 석사를 거쳐, 지금은 NPO경영학 박사 과정에 재학 중이다.

둘째, 퍼스널 브랜딩 경력 관리가 필요하다. 사회복지기관은 다양한 욕구에 맞게 업무가 세분되어 있다. 내가 담당했던 업무는 노인 일자리, 상담, 사회교육, 사례관리, 기획, 전산, 지역 조직화, 홍보 등 다양하다. 이렇게 많은 업무를 담당하면서 무의미한 경력이 되지 않기 위해 노력했다. 업무가 순환되어 홍보 담당자가 아닌 보직으로 인사 발령이 나면 다른 기관 홍보 담당자로 이직을 선택했다. 잦은 이직으로 관리자로 성장하는 경험은 얻을 수 없었지만, 그 대신 나는 3종 복지관 홍보를 모두 담당한 사회복지사라는 특별한 경력을 갖게 되었다. 경력을 관리한 덕에 복지재단의 홍보를 대행하는 회사를 창업할 수 있었고, 사회서비스원에서 홍보 컨설턴트로도 활동할 수 있었다. 직장인보다 직업인으로 살아가기를 바랐던 나는 프리랜서로 홀로 섰지만, 여전히 홍보가 직업인 사회복지사다.

셋째, 퍼스널 브랜딩 홍보 채널 운영은 필수이다. 여러 매체 중 블로그, 페이스북 그룹, 카카오톡 오픈 채팅방 등을 운영하고 있다. 네이버 블로그 '복지꿀팁'은 연간 15만 명이 방문하고 있고, 카카오톡 오픈 채팅방 '비영리 홍보 실무'는 1,500명, 페이스북 그룹 '사회복지 홍보 채널'은 5,000명의 사회복지사가 함께하고 있다. 성장하고 싶은 사회복지사가 모인 커뮤니티는 나에게 무한한 기회와 가능성을 열어준다. 자신만의 채널을 확보한 프리랜서는 시작점이 다르다.

주요 활동과 클라이언트

나는 현재 세 가지 활동을 하고 있다. 사회복지 홍

보 강의, 컨설팅, 대행사 운영이다. 직업으로 부르자면 강사이자 컨설턴트이자 대행사 대표이다.

첫째, 홍보와 마케팅 교육 강사로 활동하고 있다. 홍보 담당 사회복지사로 재직하며 쌓은 현장의 경험과 홍보 대행사를 운영하며 알게 된 노하우를 바탕으로 실무에 적용할 수 있게 쉬운 강의를 하고 있다. 강의처는 사회복지기관, 단체, 협회, 협의회, 복지재단과 사회서비스원이다. 사회복지 홍보 전략, SNS 콘텐츠 제작 실무, 저작권, 미리캔버스, 챗GPT 등을 주제로 4년간 500회 이상 강의를 했으며, 여러 기관에서 우수 강사로 선정되었다.

둘째, 홍보 컨설턴트로 활동하고 있다. 컨설턴트는 고객의 의뢰를 받아 특정 문제 또는 분야에 관한 조언을 제공하거나 업무를 수행하는 전문가를 말하는데, 사회복지기관에 홍보 관련하여 기관의 현재 상황에 맞게 쉽게 실행할 수 있는 방안을 제안하고 있다. 실무에 기반한 홍보 컨설팅은 반응이 상당히 좋아서 컨설팅을 의뢰하는 기관이 매년 늘어나고 있다. 여러 서비스원과 재단, 민간 사회복지기관 경영 컨설팅 홍보 컨설턴트로 4년째 활동하고 있으며, 전국 비영리 기관에서 홍보 컨설팅 의뢰를 받고 있다.

셋째, 홍보 대행사를 운영하고 있다. 4년 전 처음 시작한 재단 용역을 시작으로 전국의 협회, 협의회, 재단 등에서 의뢰하는 디지털 콘텐츠를 제작하여 납품하거나, 페이스북 운영, 뉴스레터 발행 등 홍보 채널을 대행하고 있다. 사실 홍보 용역으로 발생하는 수익은 크지는 않다. 콘텐츠 제작은 상당한 시간과 품이 들어가지만 단가가 낮다. 하지만 다른 홍보 강사와 비교했을 때 경쟁력이 있는 부분은 전직 홍보 담당 사회복지사의 경력과 현재 홍보 대행을 직접 하고 있다는 것이다. 따라서 최신 트렌드와 생동감 넘치는 강의를 위해 수익과 상관없이 용역은 계속할 계획이다.

가치는 비영리, 실력은 영리

나는 사회복지기관에서 관리자의 경험을 쌓지 못하여 넓은 시야를 갖출 기회가 없었다. 다만 내가 컨설턴트로 활동하며 외부에서 사회복지 조직을 볼 때 발견하는 안타까운 점이 있다. 바로 '적당한 성과'를 바라는 사회복지사의 모습이다.

어느 기관에서 홍보 컨설팅을 진행했을 때 일이다.

해당 일정은 자체 생산품의 판매량을 늘려 수익을 더 창출하는 방안을 모색하는 컨설팅이었다. 제품과 홍보물을 분석하고 개선점을 찾는 회의가 이어지던 중에 사업 담당자는 이렇게 말했다. "제품이 더 판매되면 좋은데, 또 너무 많이 판매되면 일이 너무 힘들어요. 매출이 늘어난다고 굳이 제게 좋을 것도 없고요." 나는 순간 머리를 한 대 강하게 맞은 기분이 들었다. 내가 사회복지 현장에서 가장 많이 듣던 말이 '굳이'였다. '굳이' 힘들게 그렇게까지 해야 하냐는 것이었다.

조직에서 일할 때 나는 적당한 성과를 원하는 현장의 한계에 좌절했다. 조직 내에서 성과를 내려고 했던 나를 돌아보았다. 나는 주민이 이해하기 쉽게 홍보를 잘하는 사회복지사가 되고 싶었다. 환하게 웃는 주민들의 모습을 카메라에 담아낼 때 참 즐거웠다. 기관의 가치를 잘 담았지만, 성과도 잘 나오는 홍보를 위해 영리 마케팅 기술을 공부했다. 하지만 항상 적당한 성과를 원하는 사회복지 현장에서 일을 더 잘하기 위해 한계를 극복하는 유일한 방법은 아이러니하게도 현장을 떠나는 것이었다. 활용할 기회가 없었어도 계속 공부했던 마케팅 기술은 현장을 떠나 홍보 대행사 대표와 강사로 활동하게 되면서 비로소 빛을 보게 되었다. "가치는 비영리, 실력은 영리"라는 목표를 위해 달려온 나는 여전히 사회복지 조직에서 바라는 '적당한 성과'가 어색하다.

당신이 퍼스널 브랜딩을 만들어야 하는 이유

퍼스널 브랜딩은 사회복지사 개인의 고유한 전문성이 부각되는 일이다. 특정한 사업을 어느 기관이 잘한다고 인정하는 시대는 끝났다. 어떤 사회복지사가 특정한 분야를 잘하고, 어디서 일하고 있다고 알려지는 시대로 접어들었다. 하지만 퍼스널 브랜드가 있는 사회복지사가 조직에서 인정받고 전문성을 키워갈 수 있는 환경이 아직 마련되지 않았다고 생각한다.

나는 성장하기 위해서 조직을 떠나는 선택을 해야 했다. 대대적인 조직 개편으로 인사이동이 진행될 때 나만 혼자서 내가 하고 싶은 업무를 하겠다고 고집을 부릴 수는 없는 일이었다. 특정한 분야에 전문성을 갖춘 스페셜리스트로 성장하고 싶은 사회복지사가 있다면 일반적인 사회복지사가 걷는 길과 다른 길을 마주할 각오를 굳게 다져야 할 것이다.

사회에서 문제를 해결하는 능력은 새로운 가치의 창출로 연결된다. 아무나 할 수 없는 전문적인 영역일수록 대체 불가능하기에 더욱 큰 비용이 요구된다. 따라서 전문성의 정점에 있는 변호사의 경우 상담비가 수십만 원에 육박하는 것도 문제 해결 능력은 곧 경제적 가치로 연결되기 때문이다. 그러나 성과에 대한 보상 체계가 없는 비영리 기관에서 높은 전문성과 성과는 담당자의 과업만 늘려 놓는 결과를 낳는다. 열심히 일해서 높은 성과를 내는 직원에게 돌아오는 것은 '우수 직원 표창장'이 전부다. 사회복지사들이 적당한 결과물을 바라며 일하는 현실은 충분히 이해된다.

모든 직장인은 자발적 혹은 비자발적으로 퇴사한다. 자신의 가치를 높이고 전문성을 높이는 노력은 사회에서 살아남기 위한 직장인의 몸부림이다. 지금 상황에 만족하며 살아갈 것인가? 조금 더 높은 연봉이나 직책을 따라 이직할 것인가? 아니면 그동안 쌓은 전문성을 바탕으로 퍼스널 브랜딩 할 것인가? 이러한 선택지는 내가 그동안 어떤 준비를 하였는가에 따라서 주어지는 결과물인 보상이 된다. 자신의 가치를 높여두면 삶의 갈림길에 섰을 때 선택의 폭이 넓어진다.

프리랜서 사회복지사의 어려움

드라마에서 프리랜서는 해변에서 모히또 한잔과 함께 여유롭게 일하는 모습으로 그려진다. 프리랜서를 낭만적인 모습으로 표현하는 드라마는 잘못된 환상을 심어준다. 그러다 보니 독립한 후 자신만의 길을 당당하게 걸어가는 사회복지사를 존경한다며 본인도 프리랜서가 되어 지금보다 여유로운 삶을 살고 싶다는 희망을 전하는 경우를 만난다. 그렇지만 현실적으로 말하자면 프리랜서는 결코 여유롭지도 낭만적이지 않다. 직종을 막론하고 프리랜서는 크게 세 가지 어려움이 있다.

첫째, 누가 나에게 일을 의뢰할 것인가?

사회복지 조직은 예산이 제한적이기에 자체적으로 해결이 불가능한 문제만 비용을 들여서 해결한다. 이는 사회복지계에 다양한 프리랜서 생태계가 발달할 수 없는 이유다. 프리랜서로 전향을 생각 중이라면 냉정하게 판단해야 한다. 신규 프리랜서 입장에서 강의를 주업으로 삼는 것은 상당한 어려움에 직면하게 되는데, 최고의 현장 전문가인 기관장 강사와 최고의 학문 전문가인 대학 교수와 경쟁해야 하기 때문이다. 따라서 사회복지계에서 프리랜서로 활동한다면 하나의 유형에서만 활동하는 것은 상당한 위험 부담이 있다. 내 경우 강의와 컨설팅 분야에서 주로 활동하고 있고, 주요한 수입이 강사료인 것은 맞지만 기술 용역 영역에서 홍보 대행과 콘텐츠 제작과 납품을 함께 하는 이유가 여기에 있다.

나의 지식과 기술이 돈을 주고 살 만한 가치가 있는가? 사회복지계를 넘어서 영리 시장에서도 활동할 수 있을 만큼의 실력을 갖추었는가? 나는 아무것도 없는 상황에서 어떻게 시장을 만들어 갈 것인가? 무료만 좋아하는 비영리 기관에 상품과 서비스를 어떻게 유료로 판매할 것인가? 이러한 현실적인 고민을 하는 것은 생계와 직결되는 상당히 중요한 문제다. 퍼스널 브랜딩 사회복지사는 "가치는 비영리, 실력은 영리"를 갖추어야 한다.

둘째, 일과 생활이 하나가 되는 워라인인가?

프리랜서는 근로기준법의 보호를 받는 근로자가 아니기에 정해진 근로 시간 같은 건 존재하지 않는다. 나는 하루 4~8시간의 강의를 한다. 강의를 마친 후 사무실로 복귀하여 야근을 시작한다. 용역을 위한 홍보 콘텐츠를 제작하고 강의처에서 요청했던 서류를 작성한다. 진행했던 홍보 컨설팅 일지를 작성하는 등 각종 행정 업무를 모두 마치고 나면 보통 자정이 넘어간다. 토요일에는 박사 과정 대학원 수업과 논문을 작성한다. 일요일은 강의안을 수정하고 다음 주 일정을 준비한다. 일론 머스크 수준으로 주 100시간은 일을 하는 것 같다.

프리랜서는 정해진 월급이 없으니, 미래를 준비하기 위해 적금과 같은 규칙적인 저축을 할 수 없다. 정해진 업무가 없으니, 일이 들어올 때 거절하는 것도 불가능하다. 몰려드는 일을 전부 수락하는 것은 정신 나간 결정임을 알고 있어도, 들어오는 일은 거절할 수 없다. 올해 운이 좋게 많은 강의 요청이 있었다고 해도 내년에도 나를 계속 찾아줄 것이라는 보장이 없다. 모든 것이 불분명하고 확신할 수 없다. 불안과 불확실성을 참아내는 것은 온전히 프리랜서의 몫이다. 프리랜서는 일과 생활이 하나가 되는 워라인이 되어야 한다.

셋째, 동료와 직장인의 일상이 없다는 것을 견딜 수 있는가?

일하면서 정서적으로 의지하거나 공감해 줄 사람

이 없다는 것은 사무치게 외로운 일이다. 힘든 프로젝트를 마치고 동료와 함께 서로 고생했다며 맥주 한 잔 부딪치는 행복한 감정을 프리랜서는 경험할 수 없다. 또한 팀과 동료가 없다는 것은 모든 일을 혼자서 처리해야 함을 의미한다. 내가 일을 하지 않으면 모든 일이 멈춘다. 프리랜서는 언제 어디서든 일을 할 수 있는 디지털 노마드가 되어야 하며, 대직할 사람이 없으니 휴가는커녕 마음대로 아파서도 안 된다. 프리랜서는 당연한 일상을 유지할 수 없다. 한 유명 강사는 지망생들에게 "강사가 되면 좋은 옷에 좋은 음식을 먹을 것 같죠? 저는 김밥만 먹어요"라고 말했다. 나도 평소 김밥이 주식인데 가끔은 복지관 식당에서 매일 새로운 반찬에 따뜻한 밥과 국을 먹던 시절이 그립다. 당연하다고 생각했던 일상이 프리랜서에게는 당연하지 않다.

퍼스널 브랜딩 사회복지사로 살아남기

이렇게 낭만적이고 자유로운 삶을 살아가는 프리랜서는 드라마에서나 존재하는 것이고, 현실의 나는 죽기 직전까지 일에 미쳐야 살아남는 존재이지만 그럼에도 독립을 선택한 이유가 있다. 사회복지 현장에서 찾지 못했던 자율성이 있기 때문이다. 퇴사와 함께 내 삶의 의사 결정권을 다시 찾아올 수 있었다. 기관에서 일을 잘하려고 노력하면 더 많은 일을 줬지만, 프리랜서는 일을 잘하려고 노력하면 그만큼 빠르게 성장할 수 있다. 이젠 일을 스스로 찾아서 하고, 실행과 정지를 내가 결정한다. 괴롭지만 피하지 않고 힘든 선택을 할 때마다 나는 한 단계씩 성장함을 느낀다.

프리랜서는 생태계 최하위 존재다. 지자체는 갑, 기관은 을, 사회복지사는 병, 프리랜서는 정이다. 그래서 일을 하다 보면 괴롭고 힘든 상황이 있다. 예를 들어 3일 일정의 강의를 하기로 했다가 취소 통보를 직전에 받는 바람에 3일을 아무것도 못하고 허비한 적도 있고, 모집한 수강생이 적다고 강의 장소에서 강사료를 깎는 일도 경험했다. 퇴사를 결심하게 했던 전직장의 상사 앞에서 강의한 적도 있고, 강사의 말에서 오류를 찾는 것이 목적인 기관장 수강생을 만나기도 한다. 의무 교육에 참석하여 동공이 풀린 채 앉아 있는 수강생을 만나거나, 상사가 신청한 컨설팅에 마지못해 참석하여 변화가 불가능한 이유에 대한 실무자의 온갖 변명을 듣고 있어야 하는 순간이 프리랜서에게는 찾아온다. 이렇게 부당하게 느껴지는 일, 때려치우고 싶은 순간이 찾아올 때마다 내가 할 수 있는 가장 올바른 선택이 무엇일지 고민한다. 실무자 출신인 나도 이렇게 마음이 상하는데, 상급 관리자에서 프리랜서로 전향할 때는 정말 마음을 굳게 다잡아야 한다. 프리랜서는 자존심 상해도 참는 것이 실력이다.

그럼에도 현재 나는 사회복지사로 현장에서 홀로 서고 있다. 퍼스널 브랜딩 덕분에 나는 조금 더 열심히, 조금 더 잘 사회복지를 실천할 수 있었다. 복지꿀팁이라는 브랜드는 사회복지사로서 나는 어떻게 살아갈 것인가에 대한 고민의 산물이었고 지금의 나를 만들었다. 현장에서 쌓은 홍보 기술과 실력이 무기라면 퍼스널 브랜드는 나를 든든하게 지켜주는 방패였다. 맨몸으로 사회로 던져진 지금, 만약 둘 중 하나라도 나에게 없었다면 지금도 정말 힘든 시간을 보내고 있을 것이라 생각한다. 결국 전문성과 브랜드는 사회인의 생존 도구인 셈이다.

사회복지사는 사회복지 조직 안에서 성장할 때 가장 사회복지사답다. 먼저 성장한 선배 사회복지사들

속에서 올바른 가치를 배우며 성장할 때, 올바른 실천이 가능하다고 생각한다. 만약 가치에 실력을 더하고 싶다면, 당신만의 퍼스널 브랜딩을 시작해 보면 어떨까. 어렵게 생각하지 말고, 이 책을 읽으며 떠오른 생각 딱 한 가지를 결심하고 실행해 보자. 처음부터 완벽할 수는 없다. 미숙해도 좋고, 실패해도 좋다. 멋지게 시작하기 위해 생각하고 고민할 시간에 일단 부족하더라도 바로 실행에 옮겨보자. 그리고 조금씩 보완하며 완성도를 높여가자. 아주 작게 시작한 나의 퍼스널 브랜드는 장차 나의 미래를 환하게 밝혀주는 듬직한 등대가 되어줄 것이다.

홍보로 퍼스널 브랜딩을 하고 싶은
사회복지사를 위한 팁

❶ 홍보 콘텐츠를 많이 보자

▸ 창의적인 콘텐츠는 좋은 레퍼런스를 많이 갖고 있는 사람에게서 나온다.

▸ 뉴스, 영화, 광고, 캠페인까지 비영리와 영리를 가리지 말고 골고루 보자.

▸ 최근 유행하는 것은 하나도 놓치지 말고 봐야 한다. 인풋이 많아야 아웃풋이 좋다.

❷ 홍보 네트워크에 참여하자

▸ 혼자 공부하는 것보다 다른 사람들과 함께 정보를 공유하는 것이 균형 잡힌 기획에 도움이 된다.

▸ 주변의 홍보 네트워크를 찾아서 가입하자. 도저히 못 찾겠다면 카카오톡 오픈 채팅방에서 '비영리 홍보 실무'(참여코드: 해당년도)에 가입하자.

❸ 홍보 기술을 익히자

▸ 좋은 아이디어가 아무리 많아도 실체화할 수 없다면 아무런 소용이 없다.

▸ 아이디어를 그림, 사진, 일러스트, 영상 등 눈에 보이는 시각 자료로 실체화할 수 있는 기술을 익히자.

▸ 어렵다면 디자인플랫폼인 미리캔버스, 캔바라도 마스터 하자.

❹ 개인 채널을 운영하자

▸ 창의적인 콘텐츠를 기관 채널에서 발행하기란 보수적인 사회복지기관에선 참 어려운 일이다. 그렇다고 기관의 허락만 기다리고만 있기엔 내 인생이 너무 짧다.

▸ 당장 개인 채널을 만들고 해 보고 싶었던 것들을 다 해 보자. 실력이 쑥쑥 자라날 것이다.

❺ 영리 마케팅을 분석하자

▸ 다른 복지기관은 어떻게 하나 백날 기웃거려도 다 거기서 거기다.

▸ 세상에서 가장 힘든 일이 남의 지갑에서 돈을 꺼내는 일이다. 그걸 영리는 매일 하고 있다.

▸ 그들의 실전 노하우를 배워서 시민의 공감과 참여를 끌어내는 비영리 마케팅에 적용하자.

☑ 홍보 콘텐츠를 많이 보자
☑ 홍보 네트워크에 참여하자
☑ 홍보 기술을 익히자
☑ 개인 채널을 운영하자
☑ 영리 마케팅을 분석하자

김은선 정신건강 사회복지사

정신건강 사회복지사에서 심리교육자로,
정신건강 관리의 대중화를 위해 감정 대화 교육과
심리도구 개발을 하는 사회복지사

#정신건강 사회복지사 #심리교육 #감정 #대화 #심리도구

심리교육하는 사회복지사

댄서를 꿈꾸던 정신건강 사회복지사

　나는 감정과 대화 교육으로 사람의 마음을 돕는 심리교육 전문가 김은선이다. 10년 동안 정신건강 복지센터에서 정신건강 사회복지사로 근무했다. 성인부터 아동까지 심리적 어려움을 경험하는 사람들을 대상으로 교육 및 상담 프로그램을 진행하고, 대중들을 대상으로 정신건강 예방 및 치료에 대한 교육을 했다. 정신건강에 대한 중요성과 마음을 돌보는 일을 대중화하고 싶다는 신념으로 퇴사를 하고 심리교육을 다시 공부했고, 현재는 심리 상담 및 교육을 하고, 심리

도구를 제작하는 교육 회사 '오늘의마음'을 4년째 운영하고 있다.

나의 원래 꿈은 사회복지사가 아니었다. 나는 사회복지라는 것이 정확히 무엇을 하는지도 잘 몰랐다. 내가 대학교 입학 시 사회복지학과를 선택한 이유는 그저 수능 성적이 그 학과와 맞은 덕이었다. 사실 나의 꿈은 '댄서'였다. 어린 시절부터 춤을 추었고 춤으로는 학교에서 유명해서 경연 대회도 많이 나갔다. 한 기획사에 캐스팅되어 연습생으로 잠깐 있었던 적도 있었다. 그런 나에게 사회복지는 전혀 다른 세상이었다. 처음 1년 동안은 대학에 적응하지 못해서 영혼 없이 학교만 다녔다.

그러던 중 2학년 때 한 달간 정신과 병원으로 실습을 나갔다. 그곳에서 정신건강이 그저 가만히 둔다고 의지만으로 해소되는 것이 아니라 전문적인 개입으로 치료 효과를 얻을 수 있다는 것을 알게 되었다. 이 일은 개인적인 일도 연결되어 있었기에 더욱 마음에 와닿았다. 그 뒤로 정신건강 영역에서 사람들을 돕는 일을 하고 싶다는 꿈이 생겼다. 생각이 확고해지자 망설임 없이 1년 동안 정신과 병원에서 수련을 받았

다. 수련과 필기시험, 구술시험 끝에 정신건강 사회
복지사가 되었다.

번아웃이 오다, 7년 차에 경험한 소진

나의 첫 직장이자 마지막 직장은 정신건강 복지센
터였다. 성인부터 아동 청소년까지 심리적 어려움을
경험하고 있는 분들을 대상으로 교육 및 상담 프로
그램을 진행했다. 기관 근무 7년 차. 나 역시 크게 소
진이 왔다. 한 달에 기본적으로 120건의 상담을 해야
했고, 그 외에 지역 사회에서 민원은 수시로 들어왔
다. 내가 일했던 기관에서 들어왔던 민원은 결코 쉽
지 않은 일이었다. 그 민원을 나와 다른 선생님 두 명
이 나가서 해야 했다. (정신보건센터에 근무하는 정신보건 전
문요원의 경우 자타해 위험이 있는 정신 질환자를 경찰 동행 하에
시군구청장 입원을 할 수 있는 권한이 있다. 민원 발생 시 출동할 수
있다.—2019년 기준 정신보건법) 상담과 민원뿐만이 아니었
다. 행사 기획, 행정 업무는 그 외의 시간에 해야 하
는 일들이었다.

열심히 일을 하며 살아가던 어느 날, 상담을 위해
내담자의 집에 가정 방문을 했다. 상담을 마치고 내담

자의 집 밖으로 나왔는데 눈앞에 4차선 도로가 보였다. 그 도로를 보고 있는데 문득 그런 생각이 들었다. '저 도로에 뛰어들면 일을 쉴 수 있을 거야.' 이 생각을 하자마자 나의 걸음은 도로로 향했다. 그때 깨달았다. '아, 나 지금 너무 힘들구나, 번아웃이 왔을 수도 있겠다.' 이 기회로 나는 내 마음 상태를 알아차렸다.

사회복지사는 타인의 복지를 위해 일하면서 좋은 일을 한다는 소리를 듣는다. 하지만 정작 사회복지사 자신은 스스로의 마음을 돌보지 못해 소진이 자주 와서 퇴사하는 일이 흔하다. 소진이라는 단어가 사회복지사로 인해 처음 생겼다는 걸 알고 얼마나 놀랐는지! 사회복지사에게 일로 인한 소진과 무기력은 자주 겪는 흔한 감정이다. 내가 기관에 근무할 때 '3년 이상 일하면 피 말려서 죽는다'는 말이 있었다. 사회복지사 실무자로 일한다는 건 그만큼 쉬운 일이 아니다. 소진이 오는 이유는 개인마다 다르겠지만 나의 경우는 크게 두 가지로 나뉘었다. 첫째, 한 사람에게 주어진 과도한 업무와 책임감, 둘째 업무와 책임감에 비해 낮은 급여였다.

내가 14년 전 사회복지계에 처음 들어왔을 때와 현

재의 급여는 크게 달라지지 않았다. 과도한 업무와 높은 책임감에 비해 낮은 급여로 일에 대한 동기와 가치를 잃어버리게 된다. 사람은 어떤 행동을 하면 '내가 이 일을 잘하고 있는 것이 맞나?', '이게 도움이 되는 걸까?'라는 인정을 받고 싶은 욕구가 있다. 적은 급여는 그 인정의 욕구를 채우지 못하게 만드는 요소가 되기도 한다. 낮밤 없이 야근하며 최선을 다해서 일을 했는데 사회에서 인정해 주는 가치가 고작 이것뿐이라면 몸과 마음은 지치고 그 안에 소진이 나타난다.

정말 도움되는 일을 하다

정신건강 복지센터에서 근무하면서 상담과 교육을 오로지 '실적'으로 바라보는 구조가 안타까웠다. 국가에서 예산을 받아서 일을 진행하기 때문에 어쩔 수 없다는 것은 이해한다. 그러나 실적으로 바라보는 구조는 실무자는 물론 이용자인 클라이언트에게도 좋지 않은 영향을 미쳤다. 내가 근무했던 곳은 한 달 방문 상담 건수만 해도 120건이었다. 이렇다 보니 당연히, 가장 중요한 상담의 질은 떨어질 수밖에 없었다. 한 달에 120건의 상담을 하려면 상담이 아니라 그저 '안부'를 묻는 정도밖에 할 수가 없다. 당연히 단순히 안부를 묻는 것으로 심리적 어려움을 해소할 수 없다. 자연스럽게 클라이언트들은 우리가 방문하면 '별로 도움이 안 되는' 사람이라고 생각했고, 상담 만족도는 떨어졌다. 이는 개인의 만족도가 떨어지는 것으로 끝나지 않는다. '상담'을 별로 효과가 없는 것이라는 인식을 심어 주기도 했다. 심리 상담에 대한 문턱을 하나 더 만드는 꼴이 되기도 했다. 그러나 구조를 개인이 바꾸기는 쉽지 않았다.

정신건강에 대한 사람들의 인식을 높이고 효과성을 느끼게 하려면 어디서부터 시작해야 할까 고민이 되었다. 그러던 중 기관에 처음 생기는 신규 사업인 '초발정신증'을 담당하게 되었다. 초발정신증이란 뚜렷한 정신병적 증상이 발현된 시점부터 5년 이내의 시기에 있는 사람들을 말한다. 내가 사업을 담당할 당시에는 많은 곳에서 시도하지 않았던 사업이었다. 초발정신증을 발굴하는 것은 물론 대상군에게 어떤 도움을 줄 수 있을까 깊게 고민했다.

그 과정에서 나온 것이 집단 상담이었다. 10명의 초발정신증 대상군을 모아 3개월 동안 집단 상담을 진행했더니 기대했던 것보다 효과가 좋았다. 증상에 대해서 뚜렷하게 인식했고, 약물에 대한 오해를 해소했고, 증상에만 매몰돼 하루를 보내기보다는 삶에는 의미 있는 것들이 있다는 것을 인식하게 되었다. 오래된 신념을 중화시켰고, 힘들고 괴로운 생각이 날 때 벗어나려고 애쓰기보다는 그 생각에 대한 반응을 적절하게 바꾸었다. 집단 상담 후 당사자는 물론 각 사례관리자들의 만족도도 높았다. 4년 동안 초발정신증 사업을 지속했는데 잘한다는 소문이 돌아 다른 기관에서도 벤치마킹을 하기 위해 우리 기관을 방문했다. 이 집단 상담 경험이 나중에 나의 주요 퍼스널 브랜딩 도구가 될 거라고는 그때는 짐작도 하지 못했다.

건강한 마음을 위해 대중과 함께하는 일

10년 동안 공공기관에서 일하면서 많은 사람들이 마음이 힘든데도 이를 방치하고 더 악화시키는지를 지켜보았다. 마음 건강의 중요성을 이미 알고 있었다면 누군가 진작 알려주었다면, 오랫동안 힘들어 하지 않아도 되었을 텐데 하는 안타까운 마음이 들었다. 문제가 생기기 전 먼저 마음에 대한 교육이 필요하다는 생각이 들었다. 정신건강센터나 복지관은 문턱이 높다. 아무나 가면 안 될 것 같고, 원한다고 모두 갈 수 없는 '선정'이라는 제한이 있다. 따라서 공공기관이 아닌 1인 기업 '오늘의마음'을 창업하면서 처음부터 나의 관심은 '대중'이었다. 정신건강 영역이 특별한 사람들만 관심을 가지고 보는 것이 아니라 모든 사람들이 그 중요성을 알고 마음 돌보는 것도 신체 건강처럼 생각하길 바랐다. 따라서 대중들과 함께하기 위해 세 가지 경로를 만들었다.

첫째, 내가 직접 강사로 가는 감정·대화 수업이다. 내가 창업한 '오늘의마음'은 교육 회사이다. 그리고 나는 '감정'과 '대화'를 주제로 대중들과 만나는 정신건강 사회복지사이다. 교육은 모두 '감정'을 주제로 다양한 대상군과 함께한다. 감정을 알아차리고 돌보면서 사람의 마음이 어떻게 성장하며 그 변화가 사회에서 일터에서 가정에서 어떤 영향을 미치는지 살펴본다. 나는 사회복지와 심리학을 모두 경험했기에 개입 체계에 대한 이해가 높다. 그래서 정서 중심 치료, 교류 분석을 베이스로 정서 지능을 높이는 목적으로 활동을 진행한다.

나의 클라이언트는 심리적 어려움을 겪고 있는 전

국민이다. 공공기관, 복지관, 교육청, 정신건강센터, 학교, 도서관, 일반 기업 등에서 감정 관리 관련 프로그램을 기획하면 나에게 프로그램 의뢰가 들어온다. 기관과 대상군 특징을 살펴본 후 교육을 기획하여 진행한다. 강사가 주인공이 되는 강의는 남는 게 없다. 대신 학습자를 주인공으로 만드는 교육을 진행한다. 학습자를 주인공으로 만드는 강의를 진행하기 위해서는 스스로 경험하고 익히는 강의를 기획해야 한다. 연습과 경험을 통해 늘릴 수 있는 정서 지능을 향상시키는 목적으로 감정 관리를 다양한 대상군에 맞춰 진행하고, 교육이 아니라 배움을 목적으로 강의를 진행하는 것이 나의 특별한 점이다. 내가 10년간 정신건강 사회복지사로 직접 프로그램을 기획하고 진행해 본 경험이 있기에 가능하다고 생각한다.

둘째, '오늘의마음'에서 운영하는 1:1 상담과 심리상담 모임이다. 나는 정신건강 전문요원 1급으로 정신건강에 어려움을 겪고 있는 사람을 대상으로 상담을 진행할 수 있다. 1:1 상담도 하고, 집단 상담도 한다. 정신건강 복지센터에서 일할 때 초발정신증 사업을 하면서 집단 프로그램을 했던 경험을 살렸다. 한

스타트업에서 '모임' 형식으로 사람들을 모으고 활동하는 것을 보고 아이디어를 얻어 취미활동을 매개체로 심리 모임을 시작했다. 다수 직장인들의 접근성을 생각해서 교통이 편한 합정역 근처에 넓고 큰 사무실을 계약했다. 프리랜서 상담가들도 고용했다. 생각했던 것보다 반응이 뜨거웠다. 많은 사람들이 모여들었고 하나의 모임을 운영하다가 나중에는 모임이 셋으로 늘기도 하였다. 공간을 기반으로 심리 독서 모임, 글쓰기를 통한 치유, 영화 치료, 30일 마음습관 챌린지 클럽, 매일 마음공부 클럽 등 다양한 모임이 성공적으로 진행되었다.

셋째, 온라인으로 판매하는 심리 돌봄 도구 개발이다. 집단 상담, 개인 상담, 교육과 배움 모두 좋지만 일회성이나 단기간에 끝나는 경우가 많다. '일상에서도 스스로 마음을 돌볼 수 있는 도구는 없을까?'라는 생각에 심리 돌봄 도구를 기획하고 제작한다. 가장 먼저 시작한 기획은 4~5년 동안 내가 직접 실행하고 모임을 통해 효과성을 증명한 '감정 일기'다. 감정 일기는 어디를 가지 않더라도 누구를 만나서 이야기하지 않아도 된다. 혼자서 편안한 시간에 내가 원할 때

쓰면 된다. 그저 글을 쓰는 것이 아니라 내 마음에 있는 감정과 욕구를 알아차리고 글이라는 매개체로 쓴다. 감정 일기를 제작하여 네이버 스마트스토어로 판매를 시작하자마자 많은 사람들이 구매했다. 판매를 시작한지 1년도 안 되었는데, 벌써 3쇄까지 찍었다. 감정 일기를 시작으로 앞으로도 심리 돌봄 도구를 꾸준히 만들어서 정신건강 영역의 대중화에 기여하고 싶다.

처음 심리교육 영역에서 활동을 시작할 때 주변 사람들의 많은 우려와 걱정이 있었다. 나 역시 쉽지 않은 시작이었지만, 지금은 나만이 할 수 있는 전문 영역을 찾았다. 그것은 바로 "감정 대화로 마음을 돕는 심리교육 전문 정신건강 사회복지사" 이것이 나의 퍼스널 브랜딩이다.

다채로운 수입 구조 만들기

가장 궁금한 부분은 기관에서 나와서 '돈을 어떻게 벌 수 있는가'일 것이다. 결론부터 이야기하면 돈을 벌 수 있다. 그러나 내가 얼마만큼 하느냐에 따라 수입은 달라진다. 나의 수입은 크게 강사로 가서 받는 강의료, '오늘의마음'이라는 회사 운영에서 나오는 사업 수입, 온라인으로 판매하는 심리검사 도구로 인한 수입이 있다.

나는 퍼스널 브랜딩을 미리 만들고 퇴사를 한 것이 아니다. 퇴사 후 일을 처음 시작하게 된 것은 이전에 같이 일했던 직장 동료의 추천이었다. 정신과 환우 가족들을 대상으로 가족 교육을 진행하는 강사들을 양성하는 교육 중 하나였다. 거기서 상담 기술에 대해서 총 3회기 과정을 진행했다. 당시 적은 강의료를 받고 진행했는데, 사실 어느 정도 강의료를 받는지도 알지 못하고 무작정했다. 그렇지만 처음으로 내 이름을 걸고 하는 일이었다. 지인 추천으로 진행된 것이라 책임감도 있었다. 몇 주간 강의 준비를 했다. 대본도 썼고, 시뮬레이션도 몇 번이나 했다. 걱정 반 설레임 반으로 첫 강의를 진행했다. 다행히 기관 반응이 좋았고, 추가 강의 요청이 들어왔다. 이를 계기로 입소문을 타면서 강의 제안이 많이 들어오기 시작했다. 현재는 매일 강의를 진행할 정도로 많은 강의 의뢰를 받고 있다. 당연히 강의료도 오르고 있다. 3일치 강의료로 사회복지사 초봉 기준 월급을 받은 적도 있다.

그렇지만 퍼스널 브랜딩이 되지 않았을 초반에는 돈을 못 벌 각오를 해야 한다. 누구인지도 모르는 사람에게 일을 맡기는 기관은 없으며, 주어진 일을 했던 사람이 주도적으로 잘할 일도 없다. 그게 바로 현실이다. 이때는 돈을 벌 생각보다는 실력을 쌓고 퍼스널 브랜딩을 만드는 데 집중해야 한다. 실력이 있으면 입소문이 나고, 수입은 시간이 흐르면서 자연스럽게 늘어난다. 이렇게 되기까지 최소 3년 이상은 공부하고 많은 경험을 쌓는 것이 필요하다. 3년이라는 기간은 최대한 몰입했을 때를 이야기한다. 그저 시간이 흐른다고 자연스럽게 실력이 늘지 않는다.

또한 수입 구조를 하나만 가지고 있는 것은 위험하다. 강의 수입만이 전부가 아니라, 여러 가지 수입이 들어올 파이프라인을 만들어 놓아야 한다. 그렇게 해야만 내가 어떻게 하지 못하는 외부적인 상황에서 금방 무너지지 않을 수 있다. 코로나가 극심했을 때, 강의만 하는 강사들은 정말 힘들었다. 나는 강사 활동 수입 외에 심리도구 판매 수입이 있다. 현재 나는 강의료, 사업 수입, 심리도구 판매로 다양한 수입 파이

프라인을 만들었다. 이전에 직장에 다닐 때 월급의 2~3배 정도를 순수익으로 벌고 있다. 이 이야기를 듣고 '이전 직장 월급의 2~3배라니 엄청나다'라며 생각할 수 있다. 하지만 단점도 있다는 것을 잊지 말아야 한다. 회사에 다니는 것보다 '지속성'이 불안정하다는 것이다. 이번 달은 내가 천만 원을 벌었어도 당장 다음 달은 수입이 없을 수도 있는 것이 프리랜서이다.

반복적으로 다채로운 수입 구조를 만들수 있는 시스템을 구축해야 한다. 나아가 지속성이 있는 수입의 형태도 구축해야 한다. 쉽게 풀어서 이야기하면 내가 강사로 활동하면서 벌어들이는 강의 수입은 단발성으로 끝나는 수입 구조다. 기관에서 강의 후 다음 교육 일정이 없거나 나를 강사로 초빙하지 않으면 끝이기 때문이다. 반대로 강사로 활동하면서 책을 내는 것은 축적되는 수입 구조라고 할 수 있다. 예를 들어 1년에 한 권의 책을 출판하여 쌓이면 그것은 인세로 내가 활동하지 않아도 수입이 되고, 책을 읽은 사람이 강의를 의뢰하고, 강의를 들은 사람이 다시 책을 사는 선순환되는 축적이 생긴다. 수입 구조를 고려할 때 당장의 이익보다는 축적되고 지속성이 있는가를 염두해야 한다.

항상 공부해야 한다

　사회복지사였기에 현직에서부터 많은 준비와 공부를 했다. 전문가로 불리기 위해서는 전문 분야는 평생 공부해야 한다는 마음가짐이 필요하다. 그게 당연한 것이고 전문가로 해야 할 책무이다. 퇴사 후 나는 전문가로서 성장하기 위해 대학원에 진학했다. 정신건강 영역 및 사회복지를 공부했고, 심리교육도 이론적 기초부터 다시 공부했다. 논문을 쓰면서 사람의 마음을 연구했다. 대학원 석사를 취득한 뒤에도 매월 1회 이상은 교육을 들으러 다닌다. 교육 외에 독서도 꾸준히 하고 있고 공부한 것을 바탕으로 심리 칼럼도 쓰며 인풋과 아웃풋이 골고루 일어나게 노력하고 있다.

　대학원이 끝이 아니다. 지금도 끊임없이 다양한 전문가들과 함께 공부한다. 지금 나는 사업가, 배우, 성악가 들과 같이 공부하고 있다. 전문 영역 외에도 틈틈이 브랜딩, 마케팅, 회계, 디자인, 교수법 등 다양한 교육 과정을 들으면서 전문가로서 성장을 꾀했다. 다양한 분야의 사람들을 만나 매일 2시간씩 역사, 철학,

경영, 커뮤니티 등을 공부했다. 이와 같이 한 이유는 같은 분야 사람들과의 교류도 좋지만 다양한 세상과 시선을 알고 싶었기 때문이다. 이 과정을 통해서 심리와 복지 영역만 보던 나의 시선이 다양한 영역과 결합할 수 있는 기회가 되었다. 현재도 스터디는 꾸준히 하고 있으며 내 틀을 깨부수고 넓히는 과정을 지속하고 있다.

창업을 하고 싶은 사회복지사에게

나는 무엇을 하겠다고 계획하고 퇴사를 하지는 않았다. 그래서 퇴사 이후 방황하는 시간을 갖다가 겨우 나의 퍼스널 브랜딩 영역을 찾게 되었다. 나는 앞으로 본인의 이름을 걸고 활동하는 사회복지사들이 더 많아졌으면 좋겠다. 획일화된 사회복지가 아니라 다양한 분야에서 다채로운 방법으로 의미 있는 활동을 하길 바라기 때문이다. '사회복지사는 전문가인가?'라는 대중들의 물음에 우리는 브랜드로 전문성을 보여줄 수 있다고 생각한다. 나처럼 헤매는 시간을 줄이기 위해 퇴사하기 전 두 가지를 준비하고 퇴사하라는 말을 하고 싶다.

첫째, 반드시 '돈'에 대한 공부를 해야 한다. 창업을 한다는 것은 그저 좋은 마음 하나로 되는 것이 아니다. 좋은 일을 잘하고, 오래하기 위해서는 회계 즉 돈의 흐름을 알아야 한다. 나의 실패담을 이야기 해보면, 처음 창업을 했을 때 돈보다는 내 가치를 실현하는 데 중점을 두었다. 마음을 돌보는 다양한 활동을 통해 커뮤니티를 만들고 그것이 문화가 되길 바랐다. 다양한 커뮤니티 모임을 만들다 보니 공간이 필요했다. 교통이 편하고 모임 공간도 넓고 쾌적하면 찾아오는 분들에게 좋겠다는 생각에 합정역에 있는 넓은 사무실을 계약했다. 한 달에 150만 원이 넘는 월세에 비싼 관리비를 내야 했지만 어떻게든 되겠지라고 막연하게 생각했다. 그런데 3년간 시행한 결과는 당연히 '적자'였다. 커뮤니티 사업은 돈이 되는 구조가 아니었다.

사업은 회계를 알지 못하면 만들기 쉽지 않다. 사업하는 사람들은 돈을 바탕으로 구조를 만든다. 구조를 만들어서 함께 일하는 사람들이 상생해서 살아간다. 회계를 공부하다 보니 "3일간의 매출로 고정비를 낸다. 7일 얻은 매출로 인건비를 낸다"처럼 각 업계마다 기준이 있었다. 나는 그것을 몰랐다. 내가 하는 심리 상담 기반인 커뮤니티 사업은 그 기준에 미치지 못했다. 결국 뒤늦게 높은 월세를 내던 좋은 사무실을 포기하고서야 회계 공부를 시작했다. 온라인 강의를 신청했고, 여러 권의 회계 책을 읽었다. 실패를 바탕으로 나는 이제 손익 계산서를 만들어 활용하고 있다. 매달 어느 정도 돈이 들어오고 나가는지, 이번 달 월세는 어떻게 내고 세금은 어떻게 낼지 관리한다. 이 책을 읽는 분들도 내 이름으로 나와 활동하고 싶다면, 돈 공부는 필수이니 반드시 준비하길 바란다.

둘째, 기본에 충실해야 한다. 기본에 충실해야 내 브랜드도 탄탄해진다. 사업가는 사업을 잘하면 되고, 강사는 강의를 잘하면 되고, 상담사는 상담을 잘하면 된다. 시간이 흐르면 내가 원하는 분야에서 프로가 되고 최고의 영향력을 미칠 수 있다. 하지만 대부분 조급함 때문에 더 빠르고 쉽게 가는 길은 없을까 생각한다. 나 역시도 그랬다. 사업을 시작하면서 3년 정도 지나면 사업이 안정적이게 된다는 말을 들었다. 3년이 되기 전까지 안정적으로 만들기 위해 부단히 노력했다. 같이 시작하거나 또는 이미 시작한 사람들은 너무나 멋진 모습으로 승승장구하는데 나만 여전히 그 자리에 맴도는 것 같아 속앓이도 많이 했다. 다양한 강의, 책, 유튜브를 보면서 조금이라도 빠르게 사업을 탄탄하게 만들고 싶었다.

그 과정에서 느낀 것은 '지름길은 없다'는 것이다. 지름길이라고 생각했던 길은 진짜 지름길이 아니었다. 오히려 더 돌아가야 하는 길이 되기도 했다. 사업을 진행하는 과정에서 그것이 실패라고 해도 필요한 경험과 생각해야 할 것들을 하지 않으니 사업의 구조가 탄탄하지 않게 되기도 하였다. 기본이 중요하다는 것을 뼈저리게 느꼈다. 마법 같은 지름길은 없다. 내가 원하는 분야에 기본에 충실하며 꾸준히 이어 나가는 것, 그것이 전부였다. 본질과 반복의 힘을 아는 사람만이 진짜 나를 브랜딩할 수 있다.

하고 싶은 일을 즐겁게 하자. 그러기 위해서는 내가 중요하게 생각하는 가치와 신념을 공고히 해야 한다. 나는 오늘도 내 이름을 브랜드 삼아 전문성을 펼치고 있다. 이 활동에서 보여주고 싶은 또 다른 모습이 있다. 바로 사회복지도 즐겁게 일할 수 있다는 것이다. 사회복지사는 왜 항상 힘들게 일해야 하나? 높은 책임감과 의무감을 갖고 왜 적은 급여만 받아야 하나? 그렇지 않다. 내가 원하는 것을 즐겁고 재미있게 할 수 있다. 현재 나는 어느 때보다 즐겁고 행복하게 일하고 있다. 내가 중요하게 생각하는 일을 보람되게 하면서 말이다.

같이 가치 이루기

내가 처음 사회복지 조직을 나온 이유는 정신건강 중요성을 대중화시키기 위해서였다. 바로 그 목표를 잊지 않고 앞으로 나아갈 것이다. 나는 5년 뒤에는 정서 지능 향상 교육 커리큘럼을 대중화시켜 어린이부터 노인까지 참여할 수 있는 마음 돌봄 교육을 만들고 싶다. 전문가들은 앞으로의 세상은 스스로 마음을 관리하는 사람만이 살아남는다고 말한다. 지식은 언제 어느 때나 검색을 통해서 손쉽게 알 수 있지만, 마음은 그렇지 않다. 이제 정신이 건강한 사람이 변화하는 세상 속에 살아남는다. 정신이 건강하기 위해서는 마음에 중심이 되는 '감정' 공부가 필수이다. 외국에는 초중고 공교육에 '정서 수업'을 하며 스스로 감정 조절을 할 수 있도록 돕고 있다. 앞으로 우리나라도 마음 건강의 중요성이 더 중요하다고 여길 것이다. 지식을 공부하는 것처럼 나의 마음인 '감정'을 알아차리고 돌볼 수 있는 능력을 키워야 한다. 그러기 위해서는 지금부터라도 감정의 중요성을 깨닫고 감정 관리를 실행해야 한다.

현재 1인 기업으로 혼자서 강의, 행정, 경영, 마케팅을 하고 있지만 앞으로 비전을 이루기 위해서는 팀을 이루어서 '함께하는 삶'을 꿈꾼다. 내가 퍼스널 브랜딩을 다지는 또 다른 이유는, 나와 가치가 비슷한 사람을 만나 함께 일하기 위함이다. 내가 가치 있다고 생각하는 것들을 지속적으로 보여 준다면, 그 가치를 함께 키워 나가고 싶은 사람들이 모일 것이다. 그런 사람들이 모여서 함께 가치를 이루어 나가면 세상에 보다 좋은 영향을 미칠 것이라고 생각한다. 향후 5년 뒤에는 나 혼자만 잘나가고 싶지 않다. 함께하는 사람들과 팀을 이뤄 사람들에게 마음이 건강한 삶을 만들 수 있도록 돕고 싶다.

자신만의 퍼스널 브랜딩을 하고 싶은
사회복지사를 위한 팁

❶ 전문 분야 정하기

▸ 수많은 사회복지 영역에서 내가 좋아하고 잘할 수 있는 전문 분야를 정해야 한다. 예를 들어, 내가 하는 심리교육 분야도 세분화하면 종류가 매우 다양하다. 심리 이론에 따른 분류로 나눌 수 있고(정서중심치료, 교류분석, 인지행동치료 등), 주제에 따라(스트레스 해소, 상담기법, 힐링체험 등) 나뉠 수 있다.

▸ 오랫동안 전문가로 활동하고 싶다면, 사회복지에 대한 넓은 이해를 바탕으로 한 분야에 깊이 있는 공부와 활동을 해야 한다.

❷ 내면만큼 중요한 외면 이미지 메이킹

▸ 전문가는 내면도 중요하지만 외면도 중요하다. 얼굴이 예쁘고 잘생긴 것을 말하는 것이 아니다. '얼마나 신뢰감을 주는 이미지인가'를 말하는 것이다. 우리가 전문가로 사람들에게

인식되고 싶다면 전문가다운 모습을 보여주어야 한다.

▸ 단정한 머리 스타일, 깔끔한 정장 스타일의 옷, 깨끗한 구두, 자세 등 모든 것을 강의 상황과 장소에 맞게 입어야 한다. 내 프로필이, 내 모습이 전문가로 보이는지 점검해 보자.

❸ SNS는 퍼스널 브랜딩 필수 요소

▸ 나는 SNS를 통해 강의 섭외가 90% 이상 들어온다. 평소에 나의 소개, 보유 자격, 진행한 강의 프로그램을 올리며 기본적인 정보를 적어두면 좋다.

▸ 또한 강의하는 분야의 글을 작성하면 전문가로서 이미지를 보여줄 수 있다.

▸ 강의를 한 날은 강의 후기처럼 강의 기록을 꾸준히 남긴다. 그렇게 꾸준히 기록을 남기다 보면 내 경력이 SNS에서 검색이 되고, 교육 담당자는 그것을 보고 강의 섭외를 한다.

▸ 비슷한 분야의 교육을 하는 강사들과 SNS를 통해서 소통하는 것도 일하는 데 도움이 된다. 최근 업계 동향과 다른 강사들은 어떻게 활동하는지 살펴봄으로써 내 일에 적용해 볼 수 있다.

정현경 모금 전문가

자원봉사자에서 모금 전문가로
연대와 공감으로 모금하는 사회복지사

#모금 #자선 #모금은 연대 #모금 전문가
#모금가 노트 #현물 기부 #모금 윤리

모금하는 사회복지사

연대와 공감으로 모금하는 사회복지사

나는 연대와 공감으로 모금하는 모금 전문 사회복지사 정현경이다. 사회복지 실천 현장에서 연대와 복지가 자리잡을 수 있도록 동료와 조직을 돕는 사회복지사이자 모금 전문가, 그리고 모금 교육 콘텐츠 제작 보급자이다. 25여 년간 사회복지 일을 하며 어렵고 힘든 순간들도 많았지만 무언가를 지속해서 도모하고 작당하는 나를 볼 때마다 '이 일이 나에게 즐거운 일이구나'라고 느낀다.

나는 상업고등학교를 졸업하고 중소기업에 취직했

었다. 어려운 가정 환경으로 돈을 많이 벌어야 했고, 부모님처럼 돈 때문에 힘든 삶을 살지 말아야겠다는 생각으로 오로지 일의 성과와 그에 따른 보상을 좇았다. 그러던 어느 날 출근길 라디오 방송에서 흘러나오는 시각 장애인을 위한 '도서 녹음' 자원봉사 이야기에 귀가 솔깃해졌다. 중고등학교 시절부터 간직해 왔던 대학가요제 참가와 성우라는 꿈이 떠올랐다. 매우 청아한 목소리를 지녔던 나는 성우가 되거나 가수가 되고 싶었다. 라디오를 듣자마자 그 꿈이 퍼뜩 떠올랐다. 게다가 라디오 DJ는 녹음 봉사자를 '책 읽어주는 여자' 라고 아름답게 묘사하고 있었다.

나는 바로 점자 도서관 녹음 봉사자로 등록해 활동을 시작하였다. 내가 읽은 책은 녹음과 동시에 인기 있는 베스트셀러 점자 도서가 되었다. 문장 하나하나의 추임새와 표현이 라디오 극장을 보는 듯한 현실감이 있었기 때문이다. 그러던 중 원래 일하던 녹음기사가 퇴사하자 내가 그 일을 하겠다고 자원을 하였다. 이 일로 엄마에게 등짝을 맞았던 기억이 생생하다. 점자 도서관 녹음기사의 월급이 그렇게 적은 줄 전혀 몰랐다. 그 당시 내가 일반 기업에서 받았던 월급의 5분의 1 정도였던 것으로 기억한다. 등짝을 때린 엄마의 행동이 당연한 건지도 모르겠다. 그래도 녹음하는 일이 즐거웠다. 녹음 테이프를 하나씩 만들어 나가는 것이 꼭 내가 복제되어 세상에 보이는 듯했으니까! 그러다 점자 도서관이 시각 장애인 복지관으로 확장되면서 녹음기사 일에서 사회재활팀 업무를 맡게 되었고 그곳에서 처음으로 모금을 하게 되었다.

지금은 '모금', '자원 개발'이라는 용어를 흔하게 사용하지만 당시에는 익숙하지 않은 분야였다. 단지 사회복지 사업을 함에 있어 지역 주민에게 필요한 무언가를 구하고, 채우기 위한 업무 외 활동이었을 뿐이었다. 시각 장애인 등산 동아리에 지원해 줄 등산복을 얻기 위해 전화번호부 책을 뒤져 등산복 제조 기업과 판매업체 100곳에 공문을 보내는 것으로 나의 모금 활동은 시작되었다. 처음 해 본 모금은 재미있었다. 눈에 보이는 채움이 성과가 되었다. 채움을 위해 만나야 하는 관계가 있었고 관계를 위해 진정한 소통이 전제되어야 했다. 소통을 위해 나와 조직의 준비가 필요했고, 일련의 과정들이 매력적이었다. 물론 이러한 순환이 매번 원활하지는 않았다. 그래서 더욱 재미있고 긴장되었던 것 같다. '어떻게 해야 하지?'에 대한 고민이 늘 나를 자극했기 때문이다.

사회복지사가 모금을 왜 그리 열심히 합니까?

"사회복지사가 모금을 왜 그리 열심히 합니까?"라고 고액 기부자 한 분이 식사 자리에서 나에게 물었다. 나는 단 한마디도 대답할 수 없었다. '좋은 일을 위한, 착한 일을 위해'라는 말만 떠올랐다. 사회복지학 석사, 국가 공인 사회복지사 1급 소지자임에도 불구하고 사회복지가 무엇인지 아득하기만 했다. 창피했다. 그래서 사회복지 박사 공부를 시작했다. 물 흐르듯 진도가 나가지 않았지만 갈급함으로 시작한 공부였기에 한 줄 한 줄이 참 맛있고 행복했다.

사회복지 정책과 역사를 공부하면서 사회복지는 행복한 삶, 건강한 삶을 넘어 사회적 위험에 대한 공적인 책임이며, 모금은 건강한 공동체를 위한 연대이자 도덕적 실천이라는 개념에 닿게 되었다. 모금은 단순한 조직의 재정적 보완이 아닌 사회복지 가치에 담긴 '인간적인 삶, 사회정의, 연대'임을 확인하게 되었다. 사회복지는 돈이 없으면 하지 못하거나, 하지 않아도 되는 단순한 서비스나 사업이 아니라 헌법에 명시된 '인간 존엄과 행복이 지켜져야 하는' 사회권과 복지권을 의미한다. 모금의 명분은 곧 복지권이다. 즉 모금을 통해 사회복지의 개념을 확장할 수 있는 것이다.

만약 지금 그 고액 기부자를 다시 만난다면 나는 이렇게 대답할 것이다. "네, 기부자님, 사회복지는 인간 존엄과 행복에 대한 권리가 담겨 있습니다. 돈이 있다고 할 수 있는 것도 아니고 돈이 없으니까 잠시 쉬어도 되는 것이 아닙니다. 국가 지원금이 없다고 예산이 부족하다고 복지권을 소홀히 할 수는 없기 때문입니다." 이 답을 찾기까지 나는 길고 긴 여정을 거쳐야 했다.

모금은 부족한 것을 모으는 그 이상

2016년 '깔창 생리대' 이슈라는 사회 문제가 부각되면서 대한민국의 많은 비영리 조직이 '생리대 모금'을 시작하였다. 가난한 여자아이들과 함께 그 아이들에게 생리대를 지원하는 비영리 조직의 사업이 함께 내세워졌다. 국가와 사회가 보호하지 못해 발생하는 결핍을 채우기 위해 많은 기부자가 관심을 가지고 참여하였다. 비영리 조직의 모금, 사회복지 현장의 모금은 이렇듯 특정 대상자의 결핍을 위한 채움으로 출발한다. 그러다 보니 대상자의 빈곤이 드러날 수밖에 없는 구조이다. 또한 비영리 조직의 열악한 재정 상황을 호소해야 한다. 따라서 연민과 동정을 불러일으키는 이미지와 스토리가 강조된다. 그런 가운데 굿네이버스는 '소녀야 너는 반짝이는 별'이라는 캠페인을 시작하였다. '깔창 생리대'는 청소년의 행복권과 건강권을 지켜야 한다는 사회와 어른의 책임을 강조한다. 이러한 운동은 결국 생리대 지원 조례를 만들어 냈고, 여성가족부에 생리대 바우처 제도가 생겨나는 쾌거를 이루었다. 그뿐만 아니라 생리는 '부끄러움'이라는 인식에서 '월경권'이라는 권리 인식으로 확장되었다.

모금 활동을 하는 나에게 '깔창 생리대' 모금은 큰 전환점을 가져다주었다. 그때까지는 모금은 부족함을 채우는 그 무엇이며, 가진 자가 가지지 못한 자에게 베푸는 것이었다. 그러나 모금은 결국 불평등에 대한 사회 정의를 만들어 가는 사회 운동이고, 불쌍해서 도와주는 것이 아닌 인간의 존엄과 행복 추구를 위한 복지권을 지켜 나가는 것임을 명확하게 인식하게 되는 계기가 되었다. 양손에 모금함을 들고 있었던 내 모습이 부끄러웠다.

사회복지사의 모금은 한 손에는 모금함, 한 손에는 성명서를 들어야 한다. 해결을 위한 모금도 중요하지만, 왜 다 함께 연대해야 하는지, 연대를 통해 어떠한 사회 변화를 만들어 내야 하는지 이야기하는 것이 사회복지사의 모금이다. 아이들을 위한 의료비 모금은 열심히 하면서 아이들이 아플 때 국가의 공공의료 정책에 당연히 아이들의 의료비가 포함되도록 지역 사회 담론을 조성하는 것에는 소홀했던 자신이 떠올랐다.

'옹호'는 자신의 목소리로 자신의 이야기를 할 수 있도록 하는 것이다. 사회복지사의 모금에 '옹호'가 있었을까에 대한 고민 역시 모금 활동 현장에서 확인되었다. 우리는 수혜자라고 하는 대상자를 대변하는 역할로서의 모금을 대신하고 있지는 않았는지 돌이켜 본다. 물론 우리가 하는 일을 통해 세상에서 가장 연약하고 아픈 사람들이 드러나는 것은 맞다. 그래서일까? 그 사회 문제의 중심에는 늘 어려운 사람에 대한 낙인, 그리고 어려운 사람들을 대신하는 착한 사회복지사가 있었다. 스스로 자신의 권리를 찾기 위해 자신의 목소리를 낼 수 있는 사회, 그게 마땅하고 당연한 일이 될 수 있도록 사회복지사인 나는 무엇을 했을까? 모금 활동에 그러한 옹호의 가치가 담겨 있을까 돌아본다.

결국, 모금은 부족한 그 무엇을 모으는 것 그 이상이 담겨야 한다. 우리의 모금 활동 대상자와 사업 이외에 불평등과 양극화에 대한 고민이 담겨 있는지, 인간 존엄성과 행복 추구에 대한 사회권이 포함되어 있는지, 이러한 권리 보장을 국가에 요구하고 있는지, 또한 이러한 담론을 지역 사회에 확산하여 지지받고 연대를 요청하고 있는지 말이다. 사회복지 현장의 모금은 목표한 성과 금액 달성보다 담론 형성과 확장, 건강한 공동체에 대한 연대, 국가의 역할과 책임이 있어야 한다. 오늘 모금을 통해 한 명의 아이를 구하는 것도 매우 중요하지만, 모금 없이도 대다수 아이와 가족이 의료비 걱정이 없도록 만드는 것이 진정한 사회복지사의 모금이다.

모금 전문가가 되기 위한 여정들

모금! 잘하고 싶다. 그리고 사회복지사의 정체성과 전문성이 오롯이 드러나는 모금 전문가로 살고 싶다는 사회복지사를 위해서 모금을 위한 나의 일곱 단계

여정을 소개하고자 한다.

첫째, 모금에 대한 학습과 경험의 결과물을 만들어 내야 한다. 활동 초기에는 '모금은 영업이다'라는 생각 때문에 MBA 과정에 입학해서 경영학 석사를 취득하였다. 홍보, 마케팅, 설득 등 기술적인 부분에서 도움을 많이 받았다. 당시 국내 모금 관련 책은 번역서로 4~5권 정도가 있었으며 대부분 해외 대형 조직이나 학교의 사례였다. 'Fundraising'과 관련하여 해외에는 많은 책들이 있지만, 언어의 한계로 매번 학습이 좌절되었다. 내가 지금도 모금 관련 도서를 지속적으로 출간하는 이유는 모금 활동을 하는 동료들이 나처럼 막연하게 좌충우돌하지 않기를 바라는 마음에서이다.

둘째, '함께 연대하기'이다. 지금은 함께 모여 공부하고 토론하는 자조 모임인 '모금가노트랩'을 운영하고 있다. 각자가 고민하고 찾은 영역을 서로 비교해 보며, 차근차근 정리해 나가고 있다. 작년에는 '모금가 노트'를 함께 만들어 세상에 내놓았다. 또한, 비영리 조직 컨설팅을 함께 진행하며 친화적인 모금 조직에 대한 구체성을 체계화하고 있다. 모금 윤리와 관련된 매뉴얼과 정책에 대한 '모금가노트랩' 2기를 모집하여 또 다른 판을 구상하고 있다.

셋째, 모금 관련 연구를 지속하고 있다. 2013년, 2020년, 2023년 연구 결과로 논문을 냈고 지금도 연구를 계속해서 하고 있다. 박사 학위 논문 주제는 모금 윤리이다. 국내에서 모금 윤리와 관련된 학위 논문은 내가 최초일 것이다. 모금과 관련된 기술도 중요하지만, 궁극적으로 그 사람의 전문성과 정체성을 판가름하는 것은 전문성에 대한 윤리이다. 여기에 도달하기까지 약 20년의 세월이 흘렀다. 이전에는 방법, 방식, 기술에 대한 고민만 무성했다. 모금 윤리를 연구하면서 '이 돈을 받아, 말아?, 기부자 요청을 들어줘, 거절해?' 식의 나를 괴롭히던 현장의 작은 질문들이 사라졌다. "우리가 왜 이 일을 하는가?" "우리는 어떻게 해야 하는가?" 오직 이 질문들에 둘러싸여 조금은 행복한 고민을 시작한다. 연구를 위해 만난 200여 명의 현장 동료들의 이야기 안에 담긴 수많은 질문의 답을 박사 논문에 담았다. 나는 앞으로도 동료들의 큰 질문을 그냥 캐비닛에 묵혀 두지 않을 생각이다. 이제 두 번째 해외 학술지 등재를 위해 원고를 막 마쳤고, 세 번째 연구를 시작한다.

넷째, 강의와 컨설팅으로 경제 활동을 하고 있지

만, 나 역시 배움을 게을리하지 않는다. 요즘은 예전에 비해 공부하기 좋은 기반이 조성되어 있다. 모금과 관련된 다양한 사례와 상황들이 조사·연구되고 교육을 통해 전달되고 있다. 수많은 강사가 자신만의 표현과 해석으로 다양한 관점들을 내어놓고 있다. 게다가 온라인상에서 반복해서 다시 들을 수 있는 편리함도 있다.

모금을 잘하고 모금 전문가로 성장하기 위해서는 앞서 열거한 내적으로 건강함을 유지해야 하는 노력이 필요하지만, 모금이라는 경계를 넘어서는 확장도 중요하다. 돌이켜 보면 모금 활동을 하면서 만났던 모든 관계는 자원 확보를 위한 대상이었다. 나는 좀 더 많은 자원을 확보해야 했고 이를 위해 필요성과 사명을 '강요'해야 했으며, 그들은 내 사명을 지지해 주고 표현해 주어야 했다. 그것이 서로의 역할이라고 생각했다. 나는 내 역할을 잘해야 했고, 그들은 돈을 주는 역할을 더 잘할 수 있어야 했다.

나는 모금을 더 잘하기 위해서 MBA에 도전해 경영, 마케팅, 휴먼리소스 등을 공부하면서 모금의 많은 부분이 비즈니스 영역에서 차용되었다는 것을 확인하였고 현장에서 적용하고 실험할 것들이 무궁무진하다는 것을 알게 되었다. 그러나 딱 거기까지였다. 그것이 한계였다. 기술적으로 한 번은 설득할 수 있지만, 기부자의 선한 마음을 지속해서 이끌기 위해서는 기부자의 그 마음이 무엇인지를 알아내야 했다. 그럼, 무엇을 공부해야 할까? 심리학? 철학? 이리저리 궁리하고 물어물어 찾은 결과 '필란트로피(Philanthropy)'를 접하게 되었다.

필란트로피란 인간이 어려운 문제를 해결해 나가면서 성장한 힘을 의미한다. 그 힘에 담겨 있는 도덕적 신념, 도덕적 실천과 같은 것이다. 불쌍한 사람을 돕고 싶어서, 내가 행복하기 위해서, 부모님이 나눔을 항상 보여주셔서, 사회적 신분 때문에 등등 기부를 하는 여러 가지 이유의 내면에는 바로 함께 살아가는 시민으로서의 덕목이라는 건강한 공동체에 대한 책임과 실천이 담겨 있다. 즉 '연대적' 의무라고 말할 수 있다. 또한 필란트로피는 단순한 구제를 넘어 근본적으로 문제가 발생하지 않도록 구조와 환경을 변화시켜야 한다는 지향점을 가지고 있다. 사회복지학을 시작으로 경영학, 필란트로피, 모금 윤리 등을 통해 사회학과 철학의 영역으로까지 그 개념이 확장되었다.

다섯째, 모금을 잘하기 위해서는 기부도 잘해야 한다. 또 많이 해야 한다. 기부자의 마음을 모르면서, 기부가 필요한 사회의 변화를 모르면서 절대 모금을 잘할 수 없다. 실제 기부를 하면서부터 '기부 요청하기'에서 '기부자에게 여쭙기'라는 태도를 갖게 되었다. '기부자 관리'에서 '기부자 관계 예우'라는 언어를 변화시키기도 하였다. 내가 기부자가 되어 보니 기부자의 마음을 확실히 알게 되었고 언제 어떤 공감이 필요한지 알게 되었다. 늘 기관 입장에서 말하고 생각했던 것들이 기부자 입장에서 고민하게 되었다. 이러한 변화는 강의나 컨설팅에 큰 도움이 되었다.

여섯째, 사람들이 왜 우리에게 기부할까? 좋은 일하는 사람이니까? 착한 일 하는 사람이니까? 아니다. 지역 사회에서 사회복지를 가장 잘할 것이라는 믿음이 있기 때문이다. 그렇다면 우리는 사회복지의 전문가가 되어야 한다. 나는 사회복지사이자 모금 활동가이고, 현재는 모금과 관련한 교육 콘텐츠 제작 보급자이다. 강의나 컨설팅을 진행하면서도 가장 강조하는 것이 바로 사회복지 전문성이다. 모금을 많이 하는 것도 필요하지만 사회복지의 가치와 관점으로 모금하는 것이 더욱 중요하다. 그래서 오랫동안 마음속에 다짐했던 하나를 실행하고 있다. 바로 사회복지 학습 모임이다. 사회복지 교과목에서 자주 언급되었던 사회복지 철학, 역사, 정책에 근간이 되었던 책들을 읽고 토론하는 모임을 '세상을 바꾸는 사회복지사'와 함께 시작한다.

일곱째, 여러 전문가와 협업한다. 모금 활동은 자원을 잘 모으고 잘 사용하는 것뿐만 아니라 공적 공개와 법 준수라는 사회적 요구가 뒤따른다. 이러한 요구는 비영리 조직의 모금 활동 성과와 직결되는 사회적 신뢰에 대한 부분이기도 하다. 특히 관련법과 회계에 대한 지식과 기술이 필요한데 다른 비영리 조직에 비해 사회복지 조직의 경우 매우 취약한 편이다. 『비영리 단체를 위한 현물 기부 가이드북』을 출간하기 위해 3년 전부터 많은 사례를 모으고 인터뷰를 진행하면서 확인된 것은 법과 회계는 우리에게 외계어라는 것이다. 내가 직접 법과 회계를 공부하기는 어렵다고 판단했고 그럴 바에는 법과 회계 전문가들이 모여 있는 곳에 들어가서 현장과 연결하는 플랫폼을 하는 것이 훨씬 생산적이라는 생각이 들었다.

한국공익법인협회에서는 이러한 내 생각을 받아들여 흔쾌히 책상 하나를 내주었다. 현물 기부를 포함하여 모금 활동에 있어서 우리가 준수해야 할 법적인 책무에 대한 다양한 교육과 콘텐츠를 토론하고 현장의 어려움을 해소하기 위한 맞춤형 해설과 가이드를 만들기 위해 여러 전문가와 토론한다. 이러한 확장을 도모하는 과정에서 나는 무식하지만 용감하기 때문에 궁금하고 모르는 것을 찾아다니고, 알려 달라고 조르고, 함께하자고 요청하기를 두려워하지 않기 때문에 그 힘으로 버텨온 것 같다.

이런 여정을 통해 이제는 명실공히 모금 전문가가 되었지만, 여전히 늘 어렵고 힘들다. 내가 가는 이 길이 맞을까? 늘 의심한다. 책을 쓸 때도 동료들 앞에서서 강의하는 그 순간도 불안하다. 그러나 중요한 사실은 의식하였든 의식하지 않았든 나는 누구보다 진심으로 '모금'에 대해 학습하고 고민하고 실천한다는 사실이다.

두렵지 않게 모금하는
북두칠성 팁

① **'왜 모금하는가?'**

▸ 모금의 이유가 명확해야 한다.

▸ 불쌍과 빈곤의 이유보다는 존엄과 가치에 대한 명분의 균형을 가져야 한다.

② **조직과 함께**

▸ 모금은 개인이 아닌 조직의 행동이다.

▸ 느리더라도 혼자가 아닌 조직원 전체가 같이 가도록 해야 한다.

③ **앎**

▸ 아는 만큼 두렵지 않다.

▸ 대상자, 기관, 기부자에 대한 정보로 무장되어야 한다.

❹ 태도

▸ 기부금은 '기부자의 피 같은 삶'이라는 태도를 가져라.

▸ 기부자에 대한 '존경과 감사'의 태도가 중요하다.

❺ 관계

▸ 모금은 관계로부터 파생되는 것이며 장기전이다.

▸ 우리의 가치에 공감하는 사람을 찾아내는 것이 출발이다.

❻ 기부자의 권리

▸ 기부자도 거절할 권리가 있다.

▸ 기부를 받는 것은 당연한 것이 아니다.

❼ 경험

▸ 로또는 '팔자'지만 모금은 '경험'이다.

▸ 말하기, 쓰기 등 표현에 대한 훈련이 필요하다.

나의 클라이언트

　나의 클라이언트는 사회복지와 관련한 기관, 단체 그리고 그곳의 노동자 등 비영리 조직 전체를 아우르고 있다. 주로 자원 개발과 기부자 관계 예우 정책이라는 두 개의 큰 주제를 다루고 있다. 그러나 모금은 담당자 혼자 하는 것이 아니므로 모금 친화적인 조직에 대한 '조직 중심' 역량 강화에 주제를 집중시키고 있다. 현재 사회적으로 요구받고 있는 투명성과 신뢰성을 위해 모금 윤리와 책무성으로 인해 현물 기부를 포함하여 사회적 책무에 대한 의뢰가 증가하고 있다. 2024년부터 사회복지관 평가에서 지역 조직화 기능에 '자원 개발과 관리' 부분이 포함되어 있어 최근에는 지역 사회에서 주민, 봉사자 중심으로 자원 순환과 관련한 조직화에 대한 요구도 점점 구체화되어 가고 있는 것을 확인할 수 있다.

　우리는 어떠한 상황에 부닥쳐 있는 인간의 빈곤, 고통, 절망에 대한 공감을 앞세워 대상화한다. 그러나 사회복지사의 공감은 빈곤, 고통, 절망에 빠진 인간이 처해 있는 상황과 그 상황을 만드는 사회 구조의 불합리와 불평등에 대한 공감을 균형감 있게 가지고 있어야 한다. 오늘날의 사회복지 실천은 잔여적 관점보다 사회적 관점의 실천 기술이 필요하다. '개인'의 훈련, 지원에만 집중하기보다는 개인이 속한 '사회 구조' 개선을 위한 실천 기술이 필요하다. 현대 사회에서 발생하는 사회적 위험은 개인의 문제가 아닌 사회적 문제이다. 그러므로 개인이 해결하는 것이 아니라 사회적으로 연대적으로 해결해야 한다는 '복지 권리'에 대한 공감, 국가와 사회는 국민의 '복지 권리'를 지켜야 한다는 공감, 국민은 이것을 사회와 국가에 당연히 요구할 수 있다는 공감이 필요하다.

그래서 나는 모금은 '공감'이자 '연대'라고 말한다. 모금은 비영리 조직 입장에서의 연대이며, 기부나 나눔은 사회나 시민의 입장에서의 연대이다. 이러한 연대가 공동체 시민으로의 덕목이나 책무로 자리잡기 위해서는 복지 사회, 복지 국가에 대한 인식의 지향성을 맞추어 나가야 한다.

도전하는 사람만이 선택한 두려움

비영리 조직 안에서 모금 활동을 하다가 퇴사를 하게 된 이유가 몇 가지 있다.

첫 번째, 당시 너무 오래 근무를 하며 안주하고 있던 스스로를 인식하게 된 것이다. 물론 장기근속이 주는 여러 가지 장점이 있다. 예를 들어 주어진 업무를 예측할 수 있고 발생하는 다양한 상황에 대해 어떻게 풀어 나가야 할지 일머리가 있었다. 대처하는 능력에 대한 경험치가 충분하였고 함께 해결할 수 있는 이해 관계자들과의 협업이 원활하게 운영될 수 있는 네트워크가 구축되어 있었다. 개인적으로 조직 내에서는 관리자 직급이었기에 그에 따른 권한과 근속 연수에 비례되는 높은 호봉의 급여가 있었다. 그러나 그러한 장점이 어느 순간부터 불편하였다. 그것은 안주하는 느낌, 정체하는 느낌이다. 안락한 것보다 더 힘든 것은 내 인생에서 무언가 정지되는 감정이었다.

두 번째, 그런 조직의 안락함에 의존하는 나였다. 모금 전문가로 성장하기까지 조직은 나에게 무한 신뢰와 지원을 아끼지 않았다. 교육을 받게 해 주었고, 국내외 견학과 연수 지원을 아끼지 않았다. 게다가 모금에 대한 다양한 시도에 대해 인정해 주었다. 함께 일하는 동료들도 나를 믿고 따라 주었다. 그렇기 때문에 조직 안에서 주는 안락함에 의존하는 내가 너무 염치없어 보였다. 물론 조직에서 요구하는 내 역할에 대해서는 최선을 다하였지만 '만약 모금에 대한 관심을 조직에 집중할 수 있다면'이라는 미안함이 계속 나를 힘들게 하였다.

세 번째, 더 재미있고 잘하고 싶은 것을 인생에서 발견하게 되었다는 점이다. 모금 활동을 하면서 모금에 대한 기술과 정보를 학습하고 훈련하면서 모금이라는 키워드를 통해 확장되는 필란트로피, 윤리, 공동체, 불평등과 양극화 등 실로 어마어마한 세계를 알게 되었다. 그런 과정들 속에서 사회복지사로서의 정체성과 역할을 더욱 명료하게 자각하게 되었다. 돌아보면 모금 활동을 하면서 많은 좌충우돌이 있었다. 누구 하나 알려주는 사람이 없었고 바른 슈퍼비전을 제시하는 멘토도 없었다. 배우고 싶어도 국내에서는 관련 서적도 제대로 없었다. "아, 그럼 내가 해야겠다"라고 생각했다.

그렇게 사회복지 현장에서 모금과 관련된 지식과 정보를 조금 더 체계화시키고, 확장하는 일을 내가 해야겠다는 두근거림이 생겼다. 나라면 그 일을 더 재미있고 더 잘할 수 있겠다는 확신이 있었다. 그리고 나 혼자만 잘할 생각하지 말고 이런 고민을 안고 있는 현장의 동료들과 함께 모색하고 우리만의 판을 만들어 보자는 꿈을 꾸고 퇴사를 했다. 성과가 있었다. 모금 관련 주제로 사회복지사 최초로 상업 출판을 했다. 2010년『모금을 디자인하라』를 시작으로 모금에 대한 책을 꾸준히 냈다. 정기적으로 모금 관련 책을 내면서 나는 조직의 모금 담당자가 아닌, 모금 전문가 정현경으로 퍼스널 브랜딩이 되었다.

고귀한 밥벌이

모금 전문가로 퍼스널 브랜딩을 하면서 가장 긍정적인 부분은 온전히 내가 드러나는 것이다. 19살 때부터 시작한 25년 동안의 성실한 직장생활에서 모든 노력은 '회사 이름'의 성과가 되었다. 물론 이러한 성과가 꼭 나 혼자만의 공은 절대 아니다. 조직 안에서는 '나'가 없다. 그저 '일 잘하는 노동자'만 있을 뿐이다. 그러나 모금 전문가 정현경은 일을 함으로써 온전히 '나'를 드러나게 한다. 글을 써도 강의해도 책을 써도 자문해도 계획서 한 장을 써도 모두 '정현경'이 한 것이고, 그 모든 것은 '정현경 이력서'에 빼곡하게 자신 있게 자랑스럽게 채워지는 보석들이다.

어렵고 힘든 모금 전문가의 길을 지탱하는 힘은 바로 이 때문이다. 사람들은 프리랜서라고 하면 전국을 다니면서 많은 사람을 만나고 돈도 많이 벌고 자유롭게 시간도 사용한다고 생각할 수 있지만, 하나의 콘텐츠를 만들어 내기 위해 나는 하루 18시간을 꼬박 공부한다. 우리는 '선택 받아야 하는 자'이다. 선택 받기 위해서는 강의 평가와 강의 후 내 마음 상태에 전전긍긍한다. 초기에는 참여자들의 사후 평가에 목을 맸다. 긍정의 평가가 아무리 많아도 단 한 줄의 아쉬움이 묻어나는 댓글로 일주일 동안 아팠다. 그러나 지금은 강의 평가보다는 내 마음 상태를 찬찬히 살핀다. 현장에 도움이 되었는지, 참여한 동료들이 혹여 실천에 있어 부담되지는 않았는지, 스스로 최선을 다했는지 복기한다. 이 업은 정현경의 매우 특별하고 고귀한 밥벌이이기 때문에 오늘도 나는 모금 전문가의 길을 간다.

심장이 떨리는 곳을 찾아

현장을 떠나 프리랜서로 활동한지 한참 되었지만,

'모금'이라는 특성 때문일까 스카우트 제안을 많이 받는다. 제안은 크게 세 가지로 구분되는데 첫 번째는 모금조직을 구축하는 관리직 제안, 두 번째는 조직의 모금을 대행하는 제안, 세 번째로는 조건부 용역 제안으로 구분된다. 모두 공통적인 바람은 정현경이 가면 문제가 한방에 해결된다는 전제하에서의 제의이다.

첫 번째 유형인 관리직 제안이 올 때는 제일 먼저 조직 최고 리더의 이력과 성향을 살핀다. 모금에 있어 리더의 역할은 가장 큰 영향을 끼친다. 조직의 미션과 비전에 대한 신념, 자원을 모으는 것에 대한 열정, 모금에 대한 이해가 필요하다. 또한 리더의 신념과 열정, 모금의 이해가 너무 앞서 혹여나 마구잡이식으로 '나를 따르라, 너는 잘 마무리하고'의 태도가 있는지 확인한다.

두 번째 모금 대행의 경우, 조직의 모금 인력과 예산을 먼저 확인한다. 십중팔구 돌아오는 답은 "정현경 씨가 모금 전문가니까, 돈 벌어서 사람도 뽑고 예산도 마련하고" 하는 식이다. 모금은 노동 집약적이며 관계 중심의 장기전이다. 성과를 얻기 위해서는 그에 따르는 인력과 예산은 반드시 확보되어야 한다.

그 말을 하면, "아니, 그러려면 내가 왜 정현경 씨를 불러요? 내가 하고 말지" 이렇게 말한 조직 중 아직 성장한 곳을 보지 못하였다. 물론 인력과 예산이 없다고 모금을 할 수 없는 것은 아니다. 없어도 성장한 비영리 조직은 많다. 그러한 조직의 경우라면 그 조직의 미션 비전과 목적 사업에 누구보다 절절함이 있어야 가능한 것이다.

세 번째 조건부 용역 제안은 모금액 혹은 기부자 한 명당 비율로 수수료를 지급하겠다는 조건이다. 오히려 성과 비례의 제안이 편하지 않느냐고 할 수도 있겠지만, 모금 성과에 비례해서 수수료를 사회복지사인 모금가가 받는 것은 내 직업 윤리상 절대 수락할 수 없다.

다시 현장으로 가야 하는 순간이 온다면 어떠한 조직에 속하기보다는 내 심장이 떨리는 곳을 스스로 만들지 않을까 생각한다. 그러나 모금 활동가를 지원하고 기부와 모금 생태계를 건강하게 만들어 가는 곳에서 함께하자고 제안을 한다면 아주 짧은 고민 끝에 내 발걸음을 보탤 것이다.

나의 삶, 나의 일상의 전문가가 되기 위해

나의 모금 전문가로서의 활동은 모금 관련 강의, 모금 컨설팅, 자문 및 심사, 연구, 출판, 교육 콘텐츠 제작 및 보급 등으로 구분할 수 있는데 이 중 가장 많은 부분은 강의다. 컨설팅이나 연구의 경우는 단독으로 하는 경우는 거의 없고 자주 발생하지 않는다. 특히 모금 컨설팅은 사회복지 현장에서 비용의 문제로 엄두를 내지 못한다.

퍼스널 브랜딩 초기에는 출판이 수입에 큰 도움이 되는 줄 알았다. 15권의 책과 연구물을 내본 결과, 모금 관련 책은 대중서가 아니다 보니 판매에 한계가 있어 인세 수입은 큰 도움이 되지 않았다. 단, 퍼스널 브랜딩에는 많은 영향을 주어 책 출간은 강의로 연결이 된다. 강의 활동만을 기준으로 삼으면 12~2월, 7~8월은 비수기이고 대부분 3~6월, 9~11월에 집중되어 있다. 그래서 비수기인 시기에 주로 책을 쓰고 연구하고, 강의 성수기에는 강의를 한다.

결론적으로 말하자면 "밥은 먹고산다, 아파트 대출금과 이자는 연체 없이 꼬박꼬박 낸다." 그러나 사회복지 현장에서 정규직으로 받았던 수입보다는 현저하게 적다. 강의 때 사회복지 현장 동료들이 가끔 진지하게 물어올 때가 있다. "일타강사니까 억대 연봉이지요?" 그럼 조용하고도 단호하게 말씀드린다. "절대 직장 관두지 마세요."

왜 일타강사인데 수입이 적은 거냐고 물어본다. 나는 내가 버는 돈 만큼을 교육비로 사용하고 있다. 전문가라면 어쩔 수 없는 투자이다. 또 나는 나 자신에 대해 먼저 전문가가 되어야 한다고 생각한다. 그래서 산티아고 순례길을 걷고, 마라톤을 하고, 아프로쿠반을 추는 댄서로서의 삶도 같이 살아가고 있다. 나는 늘 나에게 묻는다. "나는 무엇을 할 때 즐거운가? 나는 무엇을 꿈꿀 때 신나는가? 나는 누구와 함께할 때 행복한가? 지금 나는 정현경다운가?"

돌아보면 태어나서부터 지금까지 내 의지나 선택으로 살 수 없는 환경과 구조였다. 부모를 비롯하여 가정환경, 지역과 사회, 더 나아가서는 대한민국이라는 지리적 상황과 정치, 경제, 사회 문화적 많은 것들로 인해 지배당했다. 살아가면서 내가 보고 듣고 배운 것들이 옳은 방향이 아닌 것들이 있음을 알았고, 타인의 시선이나 타인의 삶과 비교하는 방식이 결코 행복하지 않다는 것을 체감하면서, 나의 삶과 일상에서 나다움, 나답게 살기 위해 '나'에 집중하기 시작했다. 참으로 불편하기 짝이 없는 선택이다. 그것은 명예, 돈, 사회적 지위, 안정감 등과 같은 것들로부터 건강, 행복, 즐거움 그리고 사랑하는 사람을 지켜내는 것들과의 싸움이다. 이를 위해 한 번도 진지하게 들여다보지 않은 '나'를 찬찬히 보게 되었다. 돈으로 살 수 없는, 돈이 있다고 할 수 없는 일이다.

앞으로 나는 어떤 사람이 되어 있을까? 알고 싶은 것, 하고 싶은 것, 해야 할 것이 많아서 나도 내가 5년 뒤 어떤 모습이 될지 너무 궁금하다. 어떨 때는 너무 많이 일을 벌여 놓아서, 쉰이 넘은 지금도 도대체 내가 커서 뭐가 되려고 이러나 싶다. 평균 10개 이상을 도모하고 작당하고 있다. 그러다 보면 어느 사이 그중 3개 정도는 무언가 완결이 된다. 복잡해서 몰입할 수 있을까 싶지만, 많은 것들을 쌓아 나가는 과정에서 서로 연결되는 아이디어로 때로는 신기하고 재미있다. 나는 내 느낌과 나를 믿는다. 나는 늘 전진하고 있다. 3년 뒤 5년 뒤 어떤 모습을 꿈꾸기보다는 오늘의 나를 지지한다.

모금 전문가 정현경이라는 퍼스널 브랜드는 나 혼자 힘으로 성장하지 않았다. 후배, 동료, 선배, 스승이라는 인생의 거인들이 그들의 어깨를 서슴없이 내어주었다. 나는 그 덕에 잘 자랐고 지금도 자라고 있다. 글을 쓰는 지금도 많은 거인들이 자꾸 머릿속에 떠오른다. 그래서 참으로 벅차고 행복하다. 결국 다 잘될 것이고, 앞으로 너무나 멋진 정현경으로 살아갈 것이다. 그러한 멋진 삶 속에서, 내가 누군가의 어깨에 올라 세상을 돌아보았던 것처럼 나도 누군가에게 내 어깨를 내어주는 사람으로 각인되기를 진심으로 소망하고 있다.

이혜주 사례관리 전문가

민관 사례관리 경험을 바탕으로
당사자와 함께 강점관점 사례관리 전문가
#사례관리 #당사자 #주인공 #함께하는 #강점관점

사례관리하는 사회복지사

사례관리의 시작, 무한돌봄 사업

나는 당사자와 함께하는 강점관점 사례관리 전문
가 이혜주 사회복지사이다. 22년 차 사회복지사로 복
지관에서 8년, 무한돌봄 네트워크팀에서 8년, 현재
6년째 노인주간보호센터를 운영하고 있다. 기관 외
부에서는 '당사자와 함께하는 강점관점 사례관리'를
주제로 동료 사회복지사들을 만나고 있다. 정년까지
사회복지사로 일하고 싶은데, 우리 후배들이 조금은
더 나은 환경에서 자부심과 즐거움을 느끼며 일하기
를 바라는 마음으로 안성시 사회복지사협회 회장직

도 2023년 맡았다. 나를 통해 또 우리가 있는 현장을 통해 '아, 그래도 이 사람 덕분에, 이 기관 덕분에 내가 좀 살만 하구나'라는 마음이 내가 만나는 분들께 생겼으면 하는 사회복지사이다.

사례관리는 나의 전문 분야이다. 내가 사례관리에 관심을 갖게 된 것은 학창 시절로 거슬러 올라간다. 어릴 때부터 사람들의 이야기를 듣고 공감하는 것에 소질이 있다는 이야기를 자주 들었다. 자연스레 사람 자체에 관심이 많아졌고, 사람에 대해 더욱 알고 싶어졌으며 사람들의 어려움에 도움이 되고 싶은 마음이 들었다. 대학에서 사회복지학을 전공하고, 처음 종합복지관에서 근무하며 장애 아동 조기교육실, 장애 아동 방과후 교실을 담당했다. 지역 아동 센터, 건강 가정 지원 센터 등 법인 신규 위탁 사업을 준비하는 작업도 하였고, 이후 아동·청소년·가족 복지, 재가 복지, 지역 아동 센터 등을 총괄하는 직책을 맡았다. 8년간 복지관에서 일하며 다양한 사회복지 분야를 경험해 볼 수 있었다.

2010년 좋은 기회가 찾아왔다. 경기도에서만 진행된 사업인 '무한돌봄' 사업이 바로 그것이다. 위기를 겪는 가정이 다시 일상을 회복할 수 있도록 민과 관이 함께 통합 사례관리를 진행하는 무한돌봄 네트워크팀의 센터장으로 스카우트되었다. 센터장으로 재직하며 사례관리와 자원 개발, 사례관리 슈퍼비전 업무를 본격적으로 시작했다. 당시 우리 기관은 인건비와 일부 운영비 지원 외에 사업비가 없었다. 따라서 사례관리에서 필요한 자원을 만들어 내기 위해서는 모금과 자원 개발이 필수였다. 무한돌봄 네트워크팀에서 8년간 인건비 외 모든 돈을 벌어야 했다. 힘들지만 보람되게 일하며 사례관리 본질을 더욱 생각하게 되었다. 당사자의 어려움을 해결하는 방법이 무조건 자원 또는 서비스 연계가 맞는 것일까? 어떻게 하면 당사자에게 더욱 의미 있는 실천을 할 수 있을까? 치열하게 고민하고 동료들과 의견을 나누며 다르게 실천해 보려 발버둥을 쳤다.

기관명에 '무한돌봄'이라는 단어가 들어가 있어서인지 만성적이고 장기적인 개입이 필요한 가정이 다수였다. 자살 우려가 있는 분, 노숙하는 분, 저장 강박이 있는 분, 알코올 의존증으로 마을에서 골칫덩이가 된 분들을 비롯하여 아동 학대, 가정 폭력, 정신건강의 어려움을 가진 가정까지 도대체 어디서부터 어떻게 살펴야 하는지 가늠조차 되지 않는 클라이언트의 문제 속에 함께 매몰되어 갔다. 겨울이 되면 공원 화장실과 하천 다리 밑 또는 여관이나 모텔에서 장기 투숙하는 사람들 중 도움이 필요한 분들이 있는지 살피러 다니고, 아동 학대가 의심되는 가정에는 팀원들과 순번을 정해 혹시나 하는 마음으로 서성였다. 며칠 동안 연락이 닿지 않는 1인 가구 클라이언트를 만나기 위해 가슴을 졸이기도 했다.

무한돌봄 네트워크팀에서 일하는 초창기에는 클라이언트를 인격적으로 만나기보다는 그저 당면한 문제를 빨리 해치워야 하는 대상으로 간주했다. 그래야 우리에게 기대되는 실적을 채울 수 있었다. 순식간에 수급자를 만들고, 공공 자원을 연계하며, 후원 물품을 가져다 주면 모든 문제가 해결된다고 생각했다. 대단한 착각이었다. 다양한 자원 연계를 통해 문제가 해결된 듯하여 종결을 하면 얼마 지나지 않아 같은 문제로 또다시 우리를 찾아왔다. 도대체 우리가 들인 돈과 노력이 얼마인데 이 사람은 이렇게 '복지병'에 걸렸을까 원망하며 클라이언트를 환자 취급하기도 했다. 그러나 이런 일들이 반복되면서 클라이언트에게 문제가 있는 것이 아니라 우리의 실천 방법이 잘못된 건 아닐까? 물음표가 생기기 시작했다.

다시 사회복지의 개념부터 시작하기

사례관리 종결 이후 같은 문제로 다시 찾아오는 클라이언트가 증가하면서 내가 하는 사례관리 실천에 대한 본질적인 고민을 하게 되었다. 2013년 2주간 독일 연수를 통해 중증 장애인의 강점을 찾아 일할 수 있는 시스템을 만드는 사회복지사의 모습을 통해, 문제 중심적인 나의 접근을 강점관점 접근으로 바꾸게 되었다. 팀원들과 함께 1년간 다시 공부하면서 사회복지, 사례관리 본질을 탐구하기 시작했다.

결국 '사회복지' 개념 속에서 다시 실마리를 찾기로 했다. 사회복지는 'Social Welfare', 즉 사회적으로 잘 지내는 안녕한 상태로 직역할 수 있다. 사람이 잘 지내는 데는 물론 돈과 서비스도 중요하지만 여기서는 반드시 'social'이라는 사회의 의미를 살펴야 한다. 사회적으로, 즉 사람과 사람 사이의 관계 안에서 잘 지내는 것이 사회복지이다. 우리의 사례관리 실천에는 바로 관계가 빠져 있었다. 사회복지사와 클라이언트의 관계, 클라이언트와 이웃과의 관계가 모두 빠진 상태에서 돈과 서비스로 채워 넣은 실천은 문제를 근본적으로 해결할 수 없었다. 스터디로 개념과 가치를 확립하고, 공생의 통로 역할을 우리의 사명으로 정했다. 클라이언트의 문제에 매몰되지 않고, 지금까지 견뎌온 클라이언트의 힘인 '강점'에 주목했다. 사례관리 목표를 세울 때 클라이언트와 함께 논의하고 사례관리 여정에서 주인공은 당사자임을 잊지 않으려 했다.

이렇게 달라진 실천은 어느새 나를 "당사자와 함께하는 강점관점 사례관리 전문가"로 만들었고, 그렇게 2016년부터 강점관점 사례관리 강의를 시작하게 되었다. 사례관리 실천 기술은 사회복지사의 전문적 역량의 집합체라 생각한다. 태어나 처음 만나는 사람의 어려움에 공감하는 것이 보통 일인가? 좌절하고 문제에 매몰되어 있는 사람에게서 강점을 찾아내는 게 쉬운 일인가? 그 강점을 문제 해결의 실마리로 삼는 것이 어찌 단순한 일이던가? 하나씩 시도하고 동기 부여하는 것은 또 얼마나 고단한 일이던가? 그 모든 여정을 꼼꼼히 기록하여 한 사람의 역사를 만드는 것은 얼마나 대단한가! 오늘도 내가 사례관리를 좋아하고 계속 놓지 못하는 이유이다.

노인주간보호센터를 창업하다

사례관리는 참 재미있었다. 공부하며 성장할 수 있었다. 그런데 아무리 열심히 일하고 많은 성과를 이루어 낸다 해도, 비영리 조직에서 성장은 한계가 있었다. 승진도 표창도 연차에 의한 자연스러운 단계였다. 연차가 되면 저절로 따라오는 승진이기에 굳이 열심히 할 필요가 없었다. 의욕을 가지고 열심히 일하면 모든 일은 다 내 일이 되었다. 외부 표창도 연차에 따라 추천되므로 수상해도 별로 기쁘지 않았다. 최선을 다해도 그렇지 않아도, 열심히 해도 열심히 하지 않아도 월급은 또박또박 나온다. 그러니 굳이 열심히, 최선을 다할 필요가 없어진다. 이런 것에 문제 제기를 하면 모난 정이 된다. 비영리 조직이라 어쩔 수 없다고 말하는 환경이 싫었다. 조직에 함몰되지 않으려면 정말 내가 사회복지사로서의 정체성이 있는지, 소명 의식이 있는지 생각해야 했다. 조직에 매몰되지 않으려면 내가 있는 조직을 바꾸던지 혹은 나와서 나만의 조직을 꾸릴 것인지 결정해야 한다. 나는 후자였다. 내가 생각하는 가치가 펼쳐지는 그런 현장을 만들고 싶었다. 물론 현실은 쉽지 않다. 경제적인 부분도 발목을 잡게 되고, 아무리 나의 가치가 중요하다 해도 기본적인 운영 매뉴얼은 정부의 지침을 따라야 하기 때문이다. 나는 무한돌봄 네트워크팀를 나와서 내 뜻을 마음대로 펼칠 수 있는 사회복지기관을 창업하기로 결심했다.

복지관에서 8년, 무한돌봄센터에서 8년을 뒤로 하고 다시 새롭게 펼쳐진 노인주간보호센터라는 현장을 맞이했다. 노인주간보호센터에서도 사례관리 실천은 계속되고 있다. 복지관처럼 사례관리 사업이 필수는 아니지만, 사례관리가 꼭 필요한 어르신을 그저 모른 척할 수는 없었다. 어르신 중 돌봄 욕구 외에 여러 가지 욕구가 있는 경우 사례관리에 대해 설명을 하고, 목표 설정도 같이 하고, 어르신의 강점을 찾아 알려드린다. 자원을 탐색하고 결정할 때도 어르신께 여쭙고 결정한다. 이를 위해 협력기관과 함께하는 사례회의에 어르신도 참여하도록 한다. 사례관리 기록도 보여드리고, 마지막 종결 순간에는 그동안의 여정에 감사드리는 편지도 써서 낭독해 드린다. 이러한 과정은 나와 어르신이 함께 성장하고 성숙하는 시간이 되었다.

센터를 운영하면서 노인성 질환을 가진 어르신들과의 에피소드를 온라인 사회복지 신문인 〈웰페어이슈〉와 〈브런치〉에 기고하며 동료들과 소통하고 있다. 많은 분들이 읽고 공감하며 댓글을 달아주시는데 한 번도 만나지 못한 독자이지만 내적 친밀감이 생긴다. 이러한 노력은 다른 지역, 다른 기관 동료들에게도 도전이 된다는 사실을 알게 되었다. '치매 어르신과도 이렇게 당사자와 함께하는 강점관점 사례관리를 하는데, 내가 만나는 클라이언트와도 충분히 시도할 수 있겠구나, 강점을 찾아 문제 해결의 실마리로 삼고 파트너십으로 함께할 수 있겠구나' 자신감을 갖게 되었다는 이야기를 전해 듣기도 한다. 이런 말을 들으니 더욱 나누고 싶고, 더 잘 실천하고픈 원동력이 생긴다.

개인 시설을 운영하기에 외부 활동에 유익함이 많다. 센터 운영을 하며 지역 내 다양한 협력기관과 사례관리를 함께 진행하는 경험을 공유하면 수강생들이 더욱 생생하게 받아들인다. 또한 사례관리 자문을 통해 여러 기관의 클라이언트를 간접적으로 만난다. 이러한 모든 내용은 기록으로 남겨 강의에 활용한다. 센터 운영 외에 이렇게 직·간접 사례관리를 정리하고, 기록하는 과정이 필요하기에 보통 새벽 시간이나 늦은 밤 시간을 할애한다. 솔직히 육체적인 피곤함을 견디는 게 힘들다. 그러나 나의 사례관리 실천 사례를 듣고 "사직을 결심했는데 다시 생각해 보기로 했다"는 강의 소감을 들으면 모든 피로가 싹 가신다.

강점관점 사례관리 전문가가 되기 위한 마인드

민과 관의 사례관리를 모두 경험해 본 사회복지사로서, 사례관리를 잘하고 의미 있게 실천하기 위해 사회복지사가 어떤 마인드를 가져야 하는지 그리고 실천 단계별 어떤 주의점이 필요한지 알려주고 싶다.

제일 많이 받는 첫 번째 질문은 "사례관리 어떻게 하면 잘할 수 있나요?"이다. 기술적인 부분을 묻는 것인데 나는 마인드가 더 중요하다고 답한다. 처음 사례관리를 할 때, 클라이언트의 문제에 함께 빠져 허

우적댔다. 이 세상에 문제가 없는 사람이 과연 존재할까? 살면서 돈 때문에, 가족 때문에, 이웃 때문에, 친구 때문에, 공부 때문에, 연애 때문에, 성격 때문에 어려움을 단 한 번도 겪지 않은 사람이 있는가? 없다. 문제는 누구나 갖고 있으며, 완벽히 해결할 수 없다. 문제가 있어도 살 만하다 느낄 수 있으면 된다. 완벽히 해결할 수 없는 문제에 집중하기보다 이렇게 어려운데도 어떻게 견뎌왔을까? 버텨온 힘은 무엇일까? 그의 강점에 주목하면 생각보다 쉽게 문제 해결에 닿을 수 있다. 문제가 있어도 살 만한 삶, 이것이 바로 강점관점 실천의 지향점이다.

두 번째 질문이 이어진다. "어떻게 하면 강점관점을 가질 수 있나요?" 강점관점은 기술의 문제라기보다는 시각의 문제이다. 다르게 보려는 노력이 중요하다. 일반 사람들이 우리의 클라이언트를 술만 의존하는 나약한 사람, 쓰레기를 쌓아 놓고 사는 이상한 사람, 사지 멀쩡한데 일은 안 하는 게으른 사람이라고 말할 때, 왜 그럴 수밖에 없는지, 어떻게 하면 다시 회복할 수 있는지 다르게 보려는 시선으로 다가갈 때 실마리를 찾을 수 있다. 남과 다르게 보려는 노력, 고정 관념과 편견에서 각성하려는 몸부림이 있을 때 자연스레 클라이언트만의 강점을 발견할 수 있다. 또한 강점이라는 단어에 너무 큰 압박을 느끼지 않아야 한다. 대단히 뛰어난 능력, 남과 다른 재능이 강점이 아니라 클라이언트가 고유하게 가지고 있는 힘이기에, 사회복지사가 그저 발견하고 명명하는 순간 강점이 될 수 있다.

세 번째로 이런 질문도 많이 받는다. "어떻게 하면 클라이언트와 파트너십으로 사례관리를 실천할 수 있나요?" 내가 주인공이 아니라 클라이언트가 주인공이라는 생각을 갖고 모든 과정에서 여쭙고, 상의하고, 합의하는 과정이 필수이다. 사회복지사가 클라이언트를 주인공으로 생각하는지 그렇지 않은지는 사례관리 실천 기록을 공유하는가 아닌가를 보면 알 수 있다.

언젠가 한 교수님께서 우리나라 클라이언트는 참 착하다고 표현하셨다. 어떻게 사회복지사에게 자신의 기록을 보여 달라는 클라이언트가 없냐는 것이다. 클라이언트가 자신의 기록을 볼 생각을 하지 못하며, 사회복지사 역시 클라이언트에게 기록을 보여줄 생각이 없다. 우리의 기록은 우리 것이기도 하지만 클라이언트의 것이기도 하다. 기록을 보여드리고 혹 잘못된 표현은 없는지, 오해한 부분은 없는지 당사자에게 확인할 때 신뢰감이 쌓이고, 진정 클라이언트가 주인공이 되는 사례관리가 가능해진다.

꾸준한 배움과 실천이 나만의 브랜드가 된다

학이불사즉망 사이불학즉태(學而不思則罔 思而不學則殆). 전문가로서 나의 발전과 확장을 위해 슬로건처럼 읊조리는 공자의 말씀이다. "배우기만 하고 스스로 사색하지 않으면 학문이 체계가 없고, 사색만 하고 배우지 않으면 오류나 독단에 빠질 위험이 있다"라는 뜻이다.

사회복지사처럼 공부를 많이 하고 교육에 열심히 참여하는 직종이 있을까? 그러나 배움에서 끝나는 경우가 많다. 진정한 학습은 배움으로 시작하여 익히고 실천하는 것으로 확장되어야 한다. 그래야 발전과 성장이 있다. 공자의 말씀을 내 식대로 정의하면 '열심히 배운 후 나의 현장에 어떻게 적용하지?'라는 사색의 시간을 거쳐 딱 하나라도 실천해 보자 결심하고 실천한다. 그리고 그 실천이 어떤 의미가 있었는지 기록하고 동료와 공유하는 것이 나의 성장과 발전 방법이다. 다른 사람의 가르침에 귀기울이지 않고 자기 방식만 주장하고 고집한다면 고립되고 독단할 가능성이 있다. 나의 생각이 괜찮은지 동료, 선배, 후배 들에게 묻고 수정, 보완, 적용 가능성을 열어두려는 자세가 필요하다.

10년 전, 이전 직장에서 동료들과 사례관리를 제대로 잘하고 싶어 학습 모임을 가졌다. 매월 첫째 주 수요일 오후 4시, 센터 문을 닫고 선정한 사례관리 책을 한 챕터씩 함께 읽었다. 읽은 부분에서 어떤 느낌이 들었는지 소감을 말하고, 다음 달 학습 모임 전까지 한 달간 현장에 어떻게 적용할지 실천 약속을 한 가지씩 다짐했다. 한 달 동안 열심히 실천한 이야기를 모임에서 나누고 다시 책을 함께 읽고 소감을 나누며 약속 정하고 실천하기를 반복하길 1년이다. 학습 모임을 통해 나와 동료들은 분명 성장했다. 사례관리 양적, 질적 성장이 눈에 보였다. 이 학습 모임을 기반으로 나에게 백종원의 만능 간장 같은 사례관리 강의 소스가 생겼고, 덕분에 "당사자와 함께하는 강점관점 사례관리 전문가"라는 퍼스널 브랜딩을 갖게 되었다.

어디 멀리 가서 배우는 것이 아니라, 스스로 학습하고 동료들과 공유하는 것, 이것이 바로 내가 사례관리 전문가가 된 비결이다. 주변에 학습 모임을 하고 싶지만 어떤 책으로, 어떻게 진행해야 할지 모르겠다는 동료들이 많이 있다. 학습 모임 구성원들의 공통 관심사를 파악하는 게 우선순위이다. 예를 들어 사례관리를 더욱 의미 있게 실천하려는 공통의 목표가 있다고 가정하자. 시중에 사례관리 책들이 정말 많다. 그중 하나를 선정하여 6개월 또는 1년이라는 기한 제한을 두고 선정한 책을 조금씩 함께 읽는 거다. 느낀점을 말하고, 다음 모임 전까지 책에서 배운 바를 각자 하나씩 실천하고 그때의 노력, 클라이언트의 반응, 나의 느낌을 짧게라도 기록한다. 이 과정을 통해 당신은 가랑비에 옷 젖듯이 분명 성장할 것이다.

기회가 오기 전, 준비해야 한다

10년 전, 팀원들과 학습 모임을 진행할 무렵, 몇몇 대학에서 출강 의뢰를 받았다. 10여 년의 경력이 쌓였고, 센터장 직함이 있으니 현장 경험을 학생들에게 생생하게 들려달라는 제안이었다. 대학에서는 내가 당연히 석사 학위가 있을 줄 알고 제안한 것인데 나는 학사 졸업이 전부였다. 강단에 설 좋은 기회가 날아갔다. 무언가 하고 싶고 기회가 주어진다 하더라도 나 자신이 기본적인 준비가 되어 있지 않으면 기회를 잡을 수도, 성장할 수도 없구나 하는 뼈아픈 깨달음이 남았다. 더 이상 학업을 늦추면 안 되겠구나 싶었다. 당시 초등학교에 입학한 아들의 적응 문제, 위탁 준비 등 센터 운영에 대한 책임, 경제적 부담감 등으로 대학원 진학을 망설이기만 했는데 어느새 내 손엔 대학원 입학 원서가 들려 있었다.

대학원은 왕복 6시간 거리였다. 사회복지대학원 수업이 시작되는 저녁 7시까지 학교에 가기 위해서는 직장에서 오후 4시에 일을 마치고 나왔다. 시내버스, 고속버스, 지하철을 갈아타는 3시간의 여정이어도 피곤한 줄도 몰랐다. 자정이 넘어 집에 돌아오고 이튿날 새벽같이 출근해도 마냥 즐거웠다. 당시 '강점관점 해결중심 사례관리' 수업을 통해 사례관리에 강점관점이 왜 중요하고, 얼마나 중요한지 알게 되었고, 이때 읽게 된 책들이 내 실천을 바꾸어 놓았다. 하고 싶다, 해야 한다는 마음이 피곤함과 고단함을 이기게 해주었다. 이는 대학원 졸업 후 새로운 세상을 열게 하는 열쇠가 되었다. 그렇게 준비 후 대학에서 5년간 예비 사회복지사들을 만날 수 있었다.

사례관리를 사람들에게 알리기 위해서는 마이크를 잡고 앞에 설 일이 많다. 사람들이 가장 선호하는 학습법이 교육이기 때문이다. 사실 강사 이혜주는 한 번도 생각한 적이 없다. 나는 수줍음이 많고 소심하며, 내향적인 사람이라 사람들 앞에 서는 것이 두렵기 때문이다. 반면 성장에 대한 욕구는 그 누구보다 강했다. 내가 강사가 된 것은 성장하고 싶어서이다. 나의 성장을 끌어내는 수단으로, 나의 경험을 사람들에게 알리는 '강의'라는 방법을 선택했다. 앞에서 밝혔듯이 동료들과 1년간 진행한 학습 모임에서 얻어진 결과물이 기폭제가 되었다. 강의를 한다는 것은 단순히 마이크를 잡는 것에 그치지 않는다. 내가 알고 경험한 바를 잘 정리해야 하며, 쉽게 전달하기 위해 다듬어야 하고, 보편성이 있는지 확인해야 한다. 수줍음과 떨림을 무릅쓰고 사람들과 눈을 마주하는 용기도 냈다.

또 사례관리 강의는 어렵다고 생각해서인지, 실무자보다는 사회복지학과 교수님들이 강의를 많이 한다. 사례관리 강의하는 사람이 많은데 내 강의를 들어야 하는 이유는 무엇일까 고민했다. 물론 나보다 더 많이 공부하고, 경험이 풍부하며, 전달력이 높은 강사들이 현장에 무척 많다. 처음엔 그런 분들에게 주눅이 들었다. 그러나 나의 성찰과 실천은 나만이 전달할 수 있다는 생각을 하게 되면서 주눅이 자신감으로 바뀌었다. '당사자와 함께하는 강점관점 사례관리는 이혜주에게 배워야지'라는 건방진 소망이 있다. 내가 찾은 해답은 '현장'이다. 이론으로 배운 것을 현장에서 적용하고 실천한 경험, 이러한 경험을 정리하여 강의 자료로 만든다. 지금도 현장에 있는 실무자라는 장점을 살려 지속적으로 업그레이드하는 것. 그리고 당사자와 함께 기록하고 기록을 공유한 실제 예시를 제시하는 것. 그것이 바로 나의 차별성이었다.

사례관리 강의나 자문을 하다 보면 또 다른 어려움이 있다. 참여자의 경력이 신입부터 기관장까지 다양하다. 구체적으로 무엇을 알고 싶은지 잘 모르고 참여하는 수강생도 있다. 본인 개인의 사례에 매몰되어 설명을 해도 어떻게 적용할지 이해를 못하는 사회복지사도 있다. 그럴 때 나는 미리 실무자 중심으로 고민과 질문을 서면으로 받는다. 참여자들이 사례관리에 대해 미리 한번 생각해 보는 의미도 있고, 수강생 맞춤 강의와 자문을 하기 위한 나의 노력이기도 하다.

사례관리 단계별 강점관점을
실천하는 팁

❶ 접수 단계

▶ 신뢰 관계를 쌓기 위해 내가 쓰는 단어, 표현들이 괜찮은지 살펴본다. 우리가 흔히 클라이언트를 지칭하는 독거노인, 대상자, 수혜자, 취약계층, 저소득층이란 단어들 말이다. 우리가 자주 클라이언트를 형용하는 불우, 소외란 표현들 말이다.

▶ 클라이언트에게 동의를 구한 단어인가? 형용하는 이 표현이 얼마나 클라이언트를 무능력자로 만드는지 생각해 보았는가?

❷ 사정 단계

▶ 앞에서 계속 강조한 것처럼 문제가 있어도 잘 견뎌온 그의 강점을 파악하는 자세이다. 사소한 것이라도 문제 해결의 실마리가 된다면 얼마든지 강점이 될 수 있다.

▸ 이를 발견하고, 클라이언트에게 알려주어 동기부여가 되게
  하는 것도 중요하다.

❸ 계획 단계

▸ 욕구 해결을 위해 강점을 어떻게 활용할 수 있는지 클라이
  언트에게 여쭈어보고 상의하는 자세이다. 사람은 질문을 받
  으면 생각한다.

▸ 거친 표현이라도 클라이언트가 스스로 방법을 이야기하면
  할 수 있음직한 내용으로 목표를 잘게 쪼개고 하나씩 함께
  실천해 나간다.

❹ 실행 단계

▸ 열심히 참여하던 클라이언트가 잠시 주춤거리고 주저하더
  라도 충분히 그럴 수 있다고 인정하는 자세가 중요하다. 당
  신은 올해 세운 계획을 단 한 순간도 머뭇거림 없이 지금까
  지 잘 지켜오고 있는가? 나도 그렇지 못하면서 클라이언트
  에게 완벽한 목표 실행을 요구할 수 없다. 어떻게 사람이 계
  획대로 100% 움직일 수 있겠는가. 수용과 인정, 지지 후에
  다시 동기 부여 되도록 넛지(nudge)의 기술이 필요하다.

▸ 나의 경우 사례회의에 클라이언트가 직접 참여하여 자신의
  이야기를 할 수 있도록 기회를 제공한 것이 큰 효과가 있었
  다. 자신만의 방법을 이야기하거나, 혹 당사자 특성상 논리
  적인 표현이 어렵다면 그저 회의 시작 전 인사말이라도 부
  탁드렸다.

▸ 도움을 받은 것에 대해 감사함을 표현할 수 있는 기회를 주는 것 자체가 클라이언트를 염치 있는 사람으로 만들 수 있다. '내가 이 사례관리 여정에 주인공이구나' 다시 각인할 수 있다.

❺ 종결 단계

▸ 그동안 힘든 여정 속에서 같이 노력해 온 클라이언트를 축복하며 종결식을 갖는다. 아주 작은 변화에도 큰 의미를 부여하며, 앞으로의 삶을 서로 응원하고 사례관리자와 클라이언트의 관계에서 이웃으로서의 관계로 확장됨을 감사하는 것이다.

▸ 클라이언트의 동의하에 지역 신문이나 기관 소식지에 인터뷰를 게재한다든지, 새롭게 관계가 형성된 이웃이 축하해 준다든지, 사회복지사가 감사 편지를 낭독하는 등 종결식의 방법은 기관 형편에 맞춰 여러 가지로 할 수 있다.

강점관점 사례관리를 실천하는 방법

누구나 아무리 어려운 문제로 지금 힘들어하고 있더라도 지금까지 잘 견뎌오고 버텨온 자신만의 힘인 강점이 있다. 그러나 문제에 매몰되어 있다 보니 그 힘이 스스로 보이지 않는다. 사례관리를 실천하는 사회복지사는 당사자가 자신의 힘을 발견하지 못할 때, 그것을 함께 찾고 알려주어 문제 해결의 실마리로 찾아가는 사람이다. 사회복지사가 전문가인 이유가 바로 여기에 있다고 생각한다.

내가 사례관리 전문가로서 알려지기 시작한 것이 바로 이러한 관점으로 당사자들을 만나고, 사회복지사가 주인공이 아니라 당사자가 주인공이 되도록 사례관리를 이끌어 가는 실천들이 하나씩 빛을 발하기 시작하면서부터이다. 자살 우려가 있는 독거 어르신이 밑반찬 배달 자원봉사자가 되는 일, 알코올 의존이 심하여 누구도 접근하기 어려운 아저씨와 사례관리 과정 속 역할을 나누고 실천하는 일, 치매를 가진 어르신이 여러 협력기관이 모인 사례회의에 참여하여 자신의 문제 해결을 같이 논하는 일, 당사자의 기록을 함께 공유하고 수정하고 보완하는 일, 당사자와 함께 서로를 축복하고 감사하는 종결식을 진행하는 일이 바로 그것이다.

남과 다른, 그러나 마땅히 해야 하는 사례관리의 가치와 실천을 매일 해 나가면서 나의 경험을 다른 사회복지사에게도 당당히 전할 수 있게 되었다. 실천하고, 다시 사회복지사 동료들에게 전하고, 공부하고, 이런 순환들이 자꾸 쌓이면 최소한 사례관리를 하며 내가 잘하고 있다는 확신을 우리가 의미 있게 최선을 다하고 있다는 자부심을 가질 수 있지 않을까?

진정한 전문가로 인식되려면

학부 시절 내내 모든 과목의 교수님들은 항상 수업 시간에 질문하셨다. "사회복지사는 전문가인가?" 대학에서 수많은 전공과목을 공부하고, 국가가 공인하는 자격증을 취득하여 현장에서 일하며 그 대가를 받게 되는데 그럼 전문가이지 왜 당연한 질문을 하실까 의아했다. 그러나 우리는 당연히 전문가라고 생각하지만 일반 시민들도 과연 그렇게 생각할까? 여전히 사회복지사는 좋은 일을 하는 사람이고 착한 사람이라는 등식이 성립한다. 왜 이런 일이 생겼을까?

일반 시민들이 대중매체를 통해 또는 지역에서 만나게 되는 사회복지사의 모습을 돌아보자. 식료품을 전해주고, 연탄을 배달하며, 홀로 계신 어르신의 손을 잡아주는, '불쌍한 이웃'에게 무엇인가를 '가져다주는' 착한 사람 인식에서 크게 벗어나지 못한다. 그래서 현장에서 만난 클라이언트 중에는 내가 대학을 나왔다는 사실에, 월급을 받는다는 사실에 적잖이 놀라워했던 분들도 계셨다. 클라이언트의 그런 반응에 나 역시 충격이었다. 클라이언트의 시각이 잘못된 걸까? 그렇지 않다는 판단이 들었다. 왜 여전히 가난한 사람들의 삶은 피폐한지, 가난은 정말 개인의 탓인지 이에 대한 성찰보다 지금 내 앞에 있는 사람의 배고픔을 해결해 주는 데만 급급했다. 그리고 왜 그들을 도와야 하는지, 어떻게 도와야 하는지 개념과 가치가 정립되어 있지 않은 상태에서 일관성 없는 '나눔'에만 치중했기에 클라이언트는 나를 전문가라기보다 맘 따뜻한 '처자'로 인식했을 것이다. 그렇다면 시민들이 어떻게 하면 사회복지사를 전문가로 인식할 수 있을까?

가장 첫걸음은 지금 내가 만나는 클라이언트가, 그

가족이 나를 전문가로 인식하게 만들면 된다. 지금 사회복지 현장에서 일하는 사회복지사는 20만 명이 넘는다. 우리가 만나는 클라이언트 5명만 우리를 전문가로 인정해도 100만 명의 사람이 전문가로 우리를 보게 되고, 이렇게 조금씩 노력하다 보면 전 국민이 우리를 전문가로 보게 되는 날이 오지 않을까? 그 처음 시작은 바로 지금 내가 만나고 있는 클라이언트가 나를 전문가로 인식하는지에 달려 있다고 생각한다.

이렇게 되기 위해서는 나부터 달라져야 했다. 확고한 자기 인식과 함께 사회복지사로서의 책무성을 가져야 했다. 전문가는 '어떤 분야를 연구하거나 그 일에 종사하여 그 분야에 상당한 지식과 경험을 가진 사람'이라는 국어사전의 의미에 더하여 '나, 이혜주라는 사회복지사는 대체 불가한 사람이야, 저 사람만의 무언가 있는 것 같아'라는 인식을 주고 싶었다. 그것이 바로 퍼스널 브랜딩이었다.

모난 돌이 빛난다

대학원 진학을 하며 사회복지사로서의 가치관을 정립할 수 있었고, 이때 접한 전공 서적 외에 많은 책들이 크게 도움이 되었다. 특히 강점관점과 생태체계관점 그리고 당사자가 우리 현장의 주인공이 되어야 한다는 가르침에 푹 빠지게 되었다. 당시 사례관리 업무를 주로 하고 있었으므로 이를 사례관리와 접목하여 전문성을 키워가는 것을 자연스럽게 목표로 삼게 되었다. 대학원에서 배운 내용을 동료와 학습하며 현장에 적용해 보고 이에 대한 양적, 질적 변화를 기록했다. 이를 토대로 강의를 시작하며 나만의 실천 영역을 다져갈 수 있었다. 우리의 학습과 경험은 다른 사회복지사들에게 긍정적인 영향이 되었다는 피드백이 줄을 이었다.

사례관리는 복지관의 기능 개편 및 어느 현장이든지 필요한 실천 기술이라는 인식이 널리 퍼지고 있었던 것도 내가 이 분야에 대해 전문성을 더욱 키워가야겠다고 다짐한 계기가 되었다. 현장의 동료들을 만나다 보면 '내가 잘하고 있는가' 또는 '이렇게 실천해도 되는가' 등 가치 정립의 어려움과 '이럴 땐 클라이언트에게 어떻게 해야 하는가' 등 실천 기술의 답답함을 호소하는 경우가 많다. 배움과 실천, 나의 가치가 더해져 내가 나만의 사례관리 브랜드를 만든 것처

럼 당신이 있는 현장에서 당신의 실천과 당신의 가
치가 접목된 이야기를 하나씩 정리하는 것, 자신만의
브랜드를 만드는 시작이 될 것이다.

사회복지사들이 느끼는 전문성의 갈급함에 대해
나는 학습의 중요성으로 채워가라고 말한다. 조직 내
에서 학습이 끊이지 않아야 희망이 있다. 학습은 단
순히 배우는 것으로 그치지 않는다. 실천이 뒤따르는
것이 진정한 학습이다. 팀 학습을 하면 가장 좋겠지
만 형편상 어렵다면 개인 학습이라도 하길 꼭 당부
한다. 내가 변하고 달라져야, 즉 개인 하나하나가 달
라져야 조직이 달라지기 때문이다. 이렇게 개인과 조
직의 변화가 필요하다. 나만의 철학과 가치, 브랜드
를 가진 사회복지사가 되기로 결심하였다면 자신을
믿으시길! 나의 인생을 주도적으로 살 수 있으며 스
스로의 역량을 더 키워나갈 수 있는 자신이 되었기
때문이다.

개인의 발전을 위해서도 사회복지사 퍼스널 브랜
딩이 갖는 의미는 크지만 이러한 개인들이 현장에서
빛이 되어 갈 때 다른 사회복지사에게도 그리고 그
들이 속한 조직에도 영향을 주게 된다. 결코 우리가

모난 정이 아니었음을. 비록 온전히 모든 선택의 결과가 내 책임이 되는 두려움과 무거움이 있지만 그또한 극복하거나 견딜 수 있는 성숙한 사람이 되었다는 것을 모두가 알게 될 테니까 말이다.

앞으로의 꿈, 함께 성장하기

현장에서 일할 때 마흔이라는 숫자는 나를 조급하게 했다. 마흔이 되기 전에 무언가 새로운 시도를 해야만 하겠다는 심리적인 압박이 있었다. 마흔 전에 나만의 센터를 만들겠다고 조직을 나와 고군분투한지 5년이 되었다. 직원 12명과 함께할 수 있게 되었고, 다시 새로운 꿈을 꾸고 있다. 마흔다섯이 되기 전 우리 센터를 확장하겠다는 꿈이다. 어르신들이 좀 더 안락한 공간에서 지내길 바라고, 우리 직원들이 좀 더 자부심을 느낄 수 있기를 바라는 마음에 꿈을 현실로 만들어 가는 중이다.

노인주간보호센터 현장에 있으면서도 강점관점 실천은 계속된다. 강점관점 실천을 확장해가는 방법은 바로 어르신들과의 출판 작업이다. 작년에는 어르신들의 강점을 발견하여 어르신들과 함께 작업한 그림책을 비매품으로 만들었다. 우리 기관을 이용하는 어르신들은 모두 치매 등 노인성 질환이 있어서 돌봄 서비스를 받아야 하지만 분명 강점이 있다. 그 강점을 동료들과 찬찬히 관찰하고 기록해서 기록한 내용을 어르신께 읽어 드린다. 빨리 죽어야 할 텐데 말씀하셨던 어르신들의 눈동자가 반짝거리며 감격해 하신다. 우리가 찾은 강점 기록에 어울리는 그림을 그려달라고 부탁했다. 이렇게 서른여섯 분 어르신의 강점 기록과 그림이 완성되었다. 어르신과 그 가족들이 감동을 받았고, 현장의 많은 동료들이 책을 보고 싶어 했다. 그림책을 본 사회복지사들은 자신들의 현장에서도 이런 책을 만들고 싶어 했다.

여러 사람의 응원에 힘입어 우리 그림책은 정식 출간을 하게 되었다(『그럴 땐 말이지』, 우리동네노인주간센터 어르신 지음). 어르신과 직원이 모두 작가가 되었다. 어르신들과 함께 출판기념회도 하고, 우리의 노하우를 알고 싶어 하는 현장 동료들에게 소개도 하려고 한다. 이 특강은 내가 아니라 우리 직원들이 강사가 될 것이다. 강의를 해 본 적이 없는 직원이지만 현재 학습하며 트레이닝하는 중이다. 충분히 할 수 있으리라

기대한다. 스스로 실천한 이야기이기에 누구보다 잘 전달할 것이다.

앞으로도 우리의 가치를 잘 살려 나가는 센터 운영과 동시에 이 현장에서 배우고 느끼는 바를 정리하여 사례관리 전문가로서 사람들에게 더욱 세밀하게 전하려고 한다. 그동안 사례관리 강의를 하며 받은 수많은 질문을 토대로 사례관리 실천 책 집필을 준비하고 있다. 사례관리 전문 서적이 많지만 실제 사례를 기반으로 현장의 동료들이 가장 궁금해 하는 내용으로 살아있는 책을 만들고자 한다.

강점관점 사례관리로 시작한 나의 브랜딩은 어르신들과 함께 만든 책 출판, 직원들의 특강으로 이어지고 있다. 나 '이혜주'라는 개인 브랜딩과 함께 어르신과 직원이 함께 만들어 가는 '우리동네', 어르신과 직원이 함께 성장하는 '우리동네'라는 기관 브랜딩도 만들어 가는 것이 앞으로의 목표이다.

3부

새로운

직업을 만든

사회복지사

기존 사회복지 조직에 없었던 새로운 영역을 만든
퍼스널 브랜딩 사회복지사 3인의 이야기

강원남 웰다잉 플래너

노인복지관 사회복지사에서
죽음 복지를 말하는 웰다잉 플래너로

#웰다잉 #노인복지 #죽음 복지 #생사학 #죽음 준비 학교

웰다잉 사회복지사

웰다잉 사회복지사, 경제학에서 사회복지학으로

　나는 행복한 삶과 죽음을 돕는 웰다잉 플래너 강원남 사회복지사이다. 나의 이력서 첫 줄은 '누구나 인간다운 삶과 죽음을 누릴 수 있는 아름다운 세상을 꿈꾸며'로 시작한다. 이 구절은 사회복지사로서의 사명이며 다짐이다. 사명처럼 나는 일반적인 사회복지사들과는 다른 분야에서 활동한다. 사회복지 현장은 방대하다. 아동, 여성, 외국인, 청소년, 장애인, 노인, 최근에는 동물 복지까지 그 범위를 넓혀가고 있다. 대상으로 따지면 죽음에는 순서가 없으니 모든 이가 해당될 터이고, 생애 주기별로 따지면 삶의 마지막 순간인 '죽음 복지'에 가깝지 않을까? 그래서 나는 "사람들의 행복한 삶과 죽음을 돕는 웰다잉 플래너 강원남 사회복지사"라고 스스로를 소개한다.

인생은 예측할 수 없다. 25년 전 고등학생이었던 나는 방송부에서 PD로 활동했다. 글쓰기와 음악을 좋아하던 평범한 소년이었다. 대학 역시 방송 관련 대학교와 신문방송학과를 지원했다. 하지만 아슬아슬했던 성적이 걸림돌이었다. 낙방 끝에 담임 선생님의 권유로 생각해 본 적도, 들어본 적도 없는 '경제무역학과'로 진학하였다. 입학을 했지만 수업에 흥미가 없었다. 운동권 선배들과 친해져 수업은 제쳐두고 시위 현장을 쫓아다녔다. 정의와 사회적 약자를 위해 목청을 높였던 선배들이 멋있었다. 돌아보면 선배들도 고작 이십대 후반의 청년들이었지만, 당시에는 큰 어른처럼 보였다. 그들을 따라 시위 현장과 철거촌을 다니며 목청을 높였다. 전투경찰, 용역깡패와 몸싸움을 하며 TV에서는 볼 수 없는 부조리한 현실들을 두 눈으로 목격했다. 그곳에서 인간답게 살 권리란 무엇인지 고민했다.

1학년을 마치고 엉망진창인 성적표를 마주했다. 군복무라도 서둘러 마쳐야겠다는 생각에 스무 살에 입대했다. 군 생활을 마치고 사회로 돌아와 도보 여행을 시작했다. 체력 하나만 믿고 아무 준비도 없이 출발했다. 일주일이 지나자 여비는 떨어졌고, 숙소 잡을 돈도 없는 여행을 이어갔다. 어느 날은 잠자리를 대신하여 PC방으로 향했다. 하릴없이 웹서핑을 하던 중 꽃동네라는 이름이 눈에 들어왔다. 자원봉사나 사회복지에 대해 잘 알지 못했지만 혹여 숙식이 해결될까 싶어 자세히 살펴보았다. 묘한 호기심은 다음날까지 이어졌고 어느새 발길은 꽃동네를 향했다. 꽃동네에서 숙식을 해결하며 장기 자원봉사 활동을 했다. 청소, 치매 어르신 식사 수발, 설거지, 목욕, 기저귀 교환, 빨래 등 두 팔을 걷어붙이고 일하다 보니 어느새 몸과 마음이 적응했고, 어르신들과 정이 많이 들었다. 손가락 들 힘도 없던 중증 치매 어르신이 내 손을 붙잡고 도움을 부탁할 때, 나도 누군가에게 도움이 될 수 있는 사람임을 깨달았다.

　경제무역학과 복학 이후에도 그때의 경험은 호수의 잔물결이 되어 마음속 동심원은 점점 커져 갔다.

수업이 귀에 들어오지 않았다. '그래, 어차피 이렇게 된 거 하고 싶은 거 해 보고 후회하지 말자. 사회복지 사가 되자.' 다짐 끝에 강의실을 나와 자퇴서를 제출 했다. 다시 수능시험을 보고 사회복지학과에 입학하 였다. 스물네 살 때였다. 봉사 현장에서 처음 만났던 분들이 치매 노인이었기에 자연스럽게 노인복지를 전공하게 되었다.

노인복지 현장의 사회복지사가 되다

대학에서 사회복지를 전공하며 생사학 공부도 병 행하였다. 재학 중이던 학교에 국내 최초로 생사학 연구소가 개소하였다. 청소년 시절부터 죽음에 대한 두려움을 갖고 있었고, 가족과 주위 사람들의 아픈 죽음을 경험하며 죽음이란 무엇일까 고민했었다. 죽 음은 무섭고 두려웠지만, 언젠가는 마주해야 할, 피 할 수 없는 일이었다. 차라리 그럴 바에 용기를 내어 죽음을 마주해 보자 다짐하며 연구소의 문을 두드렸 고 스물다섯에 생사학 공부를 시작했다. 복지와 함께 시작한 생사학 공부는 노인의 삶과 죽음을 이해하는 더 넓은 시야를 마련해 주었다.

학교를 졸업하고 전공을 살릴 수 있는 노인종합복지관에 입사하였다. 사회복지사가 되었지만, 사회복지 현장은 결코 만만치 않았다. 하루 종일 이용자와 강사들을 만나고 점검과 회의가 끝나면 저녁에서야 행정 업무를 시작할 수 있었다. 야근은 기본이고, 주말 출근은 옵션이었다. 그럼에도 고단했던 시간은 양분이 되었다. 어떻게 하면 더 잘할 수 있을까, 어르신들과 교감할 수 있을까 고민하며 성장할 수 있었다. 돌아보면 지금 프리랜서 사회복지사로서의 업무 능력을 키워 준 건 노인복지관에서의 경험 덕분이다.

　노인복지관에 제출했던 입사 지원서에 나는 웰다잉 센터에 대한 꿈과 비전을 적었다. 그리고 면접 자리에서도 포부를 밝혔다. 갓 대학을 졸업한 20대 새내기가, 기관에 뼈를 묻고 최선을 다하겠다는 소감이 아닌, 기관을 발판 삼아 웰다잉 센터를 만들고 싶다는 포부에 면접을 보셨던 관리자, 기관장님은 나를 매우 당돌하게 보셨다. 입사 이후 시간이 흘러 기관장님과 가진 술자리에서 면접 당시 내 인상을 여쭤볼 기회가 있었다. "참 당돌했다. 이 녀석 뭐지? 궁금증과 호기심이 생겼다"고 답해주셨다.

나의 업무는 기획 홍보 사업이었지만, 2년에 걸쳐 틈틈이 죽음 준비 교육 지도자 과정에 참여했다. 배움에서 그치고 싶지 않았다. 지역 사회 어르신들을 대상으로 죽음에 대한 인식 조사를 진행했다. 지역의 어르신들은 죽음에 대해 어떻게 생각하는지, 죽음을 위해서 무엇을 준비하고 계신지 설문 조사를 실시했다. 조사를 마친 후 내용을 분석하여 기관에 보고서와 함께 프로그램 계획서를 작성해서 제출했다. 조사 결과를 토대로 웰다잉 학교를 진행하고 싶다고 건의했다. 나의 담당 업무가 아닌, 평생교육팀의 업무였다. 하지만 꼭 시도해 보고 싶었다.

기관의 리더들과 부서 담당자의 회의를 거쳐 승인되었고, 그렇게 생에 첫 웰다잉 학교를 진행할 수 있었다. 프로그램 기획에서부터 참여자 모집, 준비, 강의 진행, 종결, 사후평가, 보고에 이르기까지 모든 과정을 준비하고 진행하며 기록하였다. 사회복지사로서 강사를 섭외하여 프로그램을 진행하는 것과는 전혀 다른 경험이었다. 프로그램의 참여도와 효과성, 어르신들의 변화가 피부로 느껴졌다. 당시 참여한 열 분의 어르신을 아직도 기억한다. 웰다잉에 대한 이해, 연명의료결정제도, 호스피스, 장례식, 유언장 작성, 연극 관람, 자살 예방 등 다양한 커리큘럼을 구성하였다. 지금 당시 교육 내용들을 복기하면 서투르고 부족했다. 그럼에도 불구하고 왜 웰다잉 교육을 진행해야 하며 어떻게 진행해야 하는지 확신이 들었다. 교육을 통해 앞으로의 삶을 어떤 모습으로 살아갈지, 좋은 죽음을 위해 무엇을 준비해야 할지 고민해 볼 수 있었다는 어르신의 소감문들이 마음 한켠에 씨앗이 되었다.

　노인복지관에 근무했던 7년이라는 시간은 지금 나의 퍼스널 브랜딩인 웰다잉 사회복지사의 출발점이다. 20대 후반에서 30대 초반까지의 시간. 어려움도 있었지만 돌이켜 보면 재미있게 일했고, 보람이 있었고, 많은 추억도 있었다. 배움과 성장의 시간이 없었다면 지금의 나는 있을 수 없다. 그래서일까. 정들었던 기관을 퇴사하는 것은 쉽지 않았다. 하지만 대나무가 뻗기 위해서는 마디마다 매듭을 지어야 하듯, 삶의 한 매듭을 짓고 꿈을 향해 올라서야 했다.

행복한 죽음 웰다잉 연구소를 개소하다

퇴사 이후 2014년 4월, '행복한 죽음 웰다잉 연구소'의 문을 열었다. 오래전 사회복지사가 되기 위해 학교를 자퇴했던 때처럼, 다시 새로운 출발점에 섰다. 나의 직업은 행복한 죽음을 돕는 웰다잉 플래너 1호가 되었다.

'웰다잉'을 말 그대로 해석하면 '잘 죽는 것'을 말한다. 하지만 잘 죽는다는 것이 과연 가능할까? 인간은 본능적으로 죽음을 불편해한다. 죽음은 늘 곁에 있지만 사람들은 죽음에 대해 말하기를 꺼려 한다. 말을 꺼내는 순간, 당장 일어날 일처럼 두려워한다. 문제는 말하지 않을 때 일어난다. 죽음에 대해 말하지 않으니, 죽음이 닥치면 당황해한다. 누구도 피할 수 없고, 누구나 어려움을 겪는 인생의 필연적 사건이기에 이는 사회복지의 영역에서 바라봐야 한다. 죽음을 대신해 줄 수는 없지만, 두려움은 덜어줄 수 있다. 죽음을 통해 삶의 의미를 발견하여 더욱 잘 살 수 있도록 도울 수 있다. 죽음을 선택하는 이들을 살릴 수 있다. 그래서 나는 죽음으로 삶을 말하는 웰다잉 플래너라는 직업을 만들었다. 행복한 죽음 웰다잉 연구소는 이를 위해 학습하고 연구하며 실천한다.

먼저 전국 노인복지관, 종합사회복지관에 홍보를 시작했다. 웰다잉이라는 교육과 이런 일을 하는 사회복지사가 있다는 것을 알려야 했다. 왜 웰다잉 교육을 해야 하는지, 누구에게 어떤 방식으로 진행할 수 있으며, 교육 내용은 어떤지, 효과가 무엇인지를 담은 제안서를 작성했다. 사회복지 시설 명단과 함께 주소, 홈페이지, 이메일 주소를 수집하고 정리했다. 이메일을 발송했고, 홈페이지에 글을 남겼으며, 우편으로 제안서를 발송했다. 한 곳이라도 웰다잉과 연구소에 대해 알게 된다면 충분했다. 홈페이지를 제작하여 교육 활동을 게시하였다. SNS로 사회복지사들을 팔로우하고, 웰다잉과 관련된 콘텐츠, 카드 뉴스를 제작하여 홍보했다. SNS에 내가 쓴 글을 본 출판사의 제안으로 『누구나 죽음은 처음입니다』, 『괜찮아, 어차피 다 죽어』 두 권의 책을 썼다. 연구 활동을 하며 한 편의 논문과 생명교육 총서 공저도 썼다. 되든 안 되든 낙숫물이 떨어지듯이 그냥 열심히 했다.

나의 노하우는 강의와 연구, 실천이다

연구소장인 나의 세 가지 기본 활동은 연구를 바탕으로 강의하고 실천하는 것이다. 세 꼭짓점이 균형을 이루지 않으면 자칫 무너져 버리기 쉽다.

가장 많은 활동은 강의이다. 연구소 개소 첫 해에는 약 20곳에서 웰다잉 강의를 했다. 매회기 새로운 강의 콘텐츠를 만들어 다양한 시도를 했다. 처음 3회기 커리큘럼으로 시작하여 10회기 커리큘럼까지 테스트와 보완을 거듭했다. 호응이 좋은 기관들이 있는 반면, 호응이 적은 기관들도 있었다. 교육을 통해 죽음에 대한 고민을 꺼내 놓고 이야기할 수 있어서 속이 후련하다는 소감, 죽음을 통해 앞으로의 삶을 어떻게 살아야 할지 고민된다는 소감을 전해주셨다. 교육 담당 사회복지사들도 노인들에게 꼭 필요한 교육, 의미 있는 교육이라는 후기를 전해주었다.

단 1년만이라도 버티자 했던 활동이 어느새 10년이 되었다. 매년 100여 개의 기관에서 일회성 특강부터 길게는 20회기까지 웰다잉 교육을 진행한다. 북쪽 끝 철원, 남쪽 끝 제주도, 동쪽 끝 고성, 서쪽 끝 덕적도까지 전국을 돌아다닌다. 복지 시설뿐 아니라 교정 시설, 도서관, 주민센터, 경로당, 중고등학교, 대학교에 이르기까지 매년 새로운 곳에서 교육 의뢰가 들어온다. 죽음에 대한 이야기를 나누고 싶어 하는 곳이라면 어디든지 달려갔다. 가는 곳마다 교육 환경을 예측하기 어려워 빔 프로젝터, 스크린, 앰프, 노트북 등을 늘 자동차에 싣고 다닌다. 전기만 들어오면 언제라도 교육이 진행될 수 있도록 준비했다.

경력이 쌓일수록 대상과 내용도 세분화되었다. 아는 만큼 보였다. 같은 노인복지관이라 하더라도 지역, 연령, 성별, 교육 정도에 따라 교육 내용을 다르게 준비했다. 강남에 있는 노인복지관 어르신들은 경제력, 학력 수준이 높아 단순한 미술 활동, 낮은 수준의 전달 교육은 흥미도가 떨어졌다. 반대로 지방에 있는 노인복지관 어르신들은 적극성 및 학력 수준이 상대적으로 낮고 연령대가 높아 강의 중심의 전달 교육은 힘들어하셨다. 이를 예상하고 참여자들의 수준에 맞춰 교육을 진행하다 보니 수요처의 만족도가 높아졌다. 이렇게 웰다잉 교육에 대한 인지도를 조금씩 넓혀 나갈 수 있었다.

사람들 앞에서 말하기 위해서는 꾸준히 공부해야

하고 적용해 봐야 한다. 교육 요청이 많아지는 만큼 채움이 필요했다. 말이 많아질수록 스스로 소진되고 있다고 느꼈다. 웰다잉 연구소라는 이름에 맞게 연구를 해야 했다. 생사학을 처음으로 공부했던 모교로 발길을 돌렸다. 공부 머리가 부족한 나에게 대학원 입학은 큰 용기를 내야 했지만, 대학원에서 죽음에 대해 마음껏 연구할 수 있다는 점이 기뻤다. 그리고 같은 관심사를 가진 사람들을 만날 수 있다는 점도 설렜다. 생사학 석사 과정에 입학하여 체계적으로 죽음에 관한 연구를 시작했다. 일과 학업을 동시에 이어가기는 쉽지 않았지만, 공부를 할수록 더 깊고 넓게 볼 수 있었다. 흩어져 있던 지식과 경험이 종과 횡으로 연결되었다. 이론과 실천이 융합되었다. 석사 논문만 마치면 인생에 다시 공부는 없다 다짐했지만, 결국 박사 과정까지 이어졌다. 생사학 박사 수료를 하며 다시 연구 논문을 준비하고 있다.

죽음 복지를 말하는 사회복지사로서 개인의 죽음뿐 아니라 사회적 죽음에도 관심이 많다. 연구소를 개소한 2014년부터 서울시 무연고 사망자 공영장례 지원단체 '나눔과나눔'과 인연을 맺게 되어 지금까지

이사로 활동하고 있다. 나눔과나눔은 거의 매일 3명 혹은 4명의 무연고 사망자 장례식을 진행하고 있다. 서울시 무연고 사망자 공영장례 지원을 위한 조례 제정에 앞장서 왔으며 가족 대신 장례를 치를 수 있는 장사법 개정까지 이루어냈다. 이처럼 강의는 연구로, 연구는 실천으로 맞물려 돌아갔다.

죽어가는 이들의 이야기에 귀를 기울여라

죽음을 말하는 웰다잉 플래너로 활동하며 지칠 때도 있다. 경로당에 수업을 갔다가 "죽는 이야기를 한다, 재수가 없다"는 고성과 함께 날아오는 화투장을 피해 30분 만에 쫓겨난 적도 있다. 복지관 이용 어르신의 자녀가 민원을 넣은 경우도 있다. 노인들한테 웃음 치료나 레크리에이션, 건강 체조 같은 즐거운 수업을 해야지, 쓸데없는 죽음에 관한 수업은 그만두라고 항의했다. 사회복지사들의 권유로 무슨 수업인지도 모른 채 참여했던 어르신께서는 죽음에 대한 수업이라는 이야기를 듣자마자 지팡이를 휘두르며 나가셨다. 그런 어르신의 모습은 꽤 자주인지라 이제는 낯설지 않다. 어찌 보면 웰다잉 강사는 사람들의 죽음에 대한 거부감을 감내하는 것에서부터 출발하지 않을까 싶다.

하지만 의미 있었던 기억들은 버팀목이 된다. 수업 때마다 맨 뒷자리에서 눈물을 훔치던 어르신이 계셨다. 궁금한 나머지 수업을 마치고 자리에 모셔 여쭤보니, 말기 암 판정을 받은 딸을 위해 아무것도 해 줄 수 없던 차에 잘 죽는 방법을 알려주는 수업이 있다 하여 참가하셨단다. 막상 수업에 참여했지만 딸의 죽음을 생각할 때마다 마음이 아파 자꾸 눈물이 흐른다고 하셨다. 상담을 마친 후 아버님의 마음이 고스란히 느껴져 강의실 한구석에서 눈물을 훔쳤다. 또 다른 곳에서는 수업에 참여한 어르신의 안색이 좋지 않아 여쭤보니 췌장암 말기 판정을 받으셨다고 하셨다. 아내분도 최근 치매 판정을 받았는데 이런 아내를 두고 떠나야 하는 마음이 편치 않다고 하셨다. 현재 통증이 어느 정도인지, 일상생활은 가능하신지 여쭤보았다. 하지만 자녀들에게 부담을 주는 것이 제일 걱정이라는 말씀만 반복하셨다. 혹시나 하는 마음에 조심스럽게 자살 생각을 하고 계시는지 여쭤보니 매일 아내와 함께 뛰어내릴 곳을 알아보고 있다고 속내를 밝히셨다. 아버님께 임종 직전까지 고통을 줄여 주고 일상생활을 유지할 수 있는 가정 호스피스 제도와 기관을 안내해 드렸다. 아버님이 돌아가시기 전에 서둘러 아내분이 입소할 수 있는 기관도 소개했다. 그런 방법이 있느냐 하는 말씀과 함께 밝아진 표정으로 집으로 향하셨던 어르신의 뒷모습이 기억에 남는다.

한 기관에서는 무의미한 연명 의료를 중단하고 편안한 임종을 맞이할 수 있는 호스피스 완화 의료에 대한 수업을 진행하였다. 그리고 어느 일요일 아침, 낯선 번호로 전화가 왔다. 누구신지 여쭤보니 복지관 수업에 참여하셨던 한 어르신이었다. 오빠가 말기 암으로 요양병원에 입원해 있다고 하셨다. 건강이 악화되어 임종이 다가오는데도 코로나로 면회도, 퇴원도 되지 않는다고 하셨다. 그러던 중 호스피스 수업을 듣고 용기를 내어 오빠를 퇴원시켰다고 하셨다. 마지막 가는 길, 집에서 편히 떠나보내고 싶었다고 하셨다. 거실에 침대를 놓고 오빠를 모셨다. 미음을 쑤어 오빠에게 먹이니 며칠간 살도 오르고 안색도 좋아졌다. 그리고 어느 일요일 아침, 따스한 아침 햇살을 맞으며 여동생 품에서 잠자듯 편안하게 숨을 거뒀다.

웰다잉 수업을 들어서 용기를 낼 수 있었고, 선생님 덕분에 오빠를 편안하게 보내줄 수 있었다고 감사의 인사를 전하셨다.

대학에서 사회복지학과 학생들을 대상으로 진행했던 수업도 기억에 남는다. 우울증을 겪고 있고 평소 죽음에 대한 생각을 자주 하는 학생이었다. 자살에 대한 충동이 있었는데, 웰다잉 수업을 들으며 죽음을 통해 삶의 소중함과 감사함을 느낄 수 있었다는 소감문을 남겼다. 앞으로의 삶을 용기 내어 한번 살아보고 싶다는 한 줄에 마음이 놓였다.

우리 부모님을 모시고 진행했던 수업도 있다. 잘 다니던 복지관을 그만두고 삼십 대 초반의 젊은 나이에 죽음에 관한 일을 하겠다던 아들이 걱정될 법했다. 그러던 중 부모님이 사는 지역의 도서관에서 웰다잉 프로그램을 계획하였고, 나에게 강의 의뢰가 왔다. 부모님도 교육을 신청하셨고, 8회의 모든 시간에 빠짐없이 참석하셨다. 마지막 수업을 마친 날, 아버지께서 술 한 잔을 따라주시며 말씀하셨다. "젊은 녀석이 어른들에게 죽음에 관해 이야기를 하고 다닌다기에 걱정도 되고, 조심스럽기도 했는데, 수업을 들어보니 참 의미 있는 수업이구나. 이제 걱정하지 않아도 될 것 같다. 열심히 해 보거라." 이후로 부모님은 응원과 지지를 아끼지 않으셨다.

사회복지 현장에서 왜 굳이 웰다잉을?

웰다잉 강사는 많다. 그런데 사회복지사 출신 웰다잉 강사, 10년간 활동을 하고 있는 사람은 찾기 어렵다. 기존의 웰다잉 강사들은 개인의 죽음 준비에 중점을 두고 활동한 반면 사회복지사들은 사회적 죽음에 중점을 두고 활동했다. 그러나 나는 사회복지사이며 웰다잉 강사이기에 개인의 죽음과 사회적 죽음 모두를 말하고자 한다. 궁극적으로 '죽음 복지의 향상'을 목표로 한다. 그렇다면 웰다잉 교육을 왜 굳이 사회복지 현장에서 진행해야 할까?

사회복지 현장의 시작은 '욕구'이다. 여러 연구를 살펴보면 웰다잉 교육이 실시되기 가장 적절한 장소를 묻는 질문에 다수가 '사회복지기관'이라고 응답하였다. 이것은 노인은 물론 그 가족들이 지역 사회의 근접성이 있는 사회복지 실천 분야에서 죽음을 준비하도록 돕는 것이 용이하다는 것을 의미한다. 그러한 점에서 웰다잉 교육은 욕구가 있는 사회복지 현장에서 이루어지는 것이 가장 적합하다. '웰다잉'은 곧 '웰빙'으로 이어진다.

웰다잉 교육의 '1차 고객'은 주로 노인복지관, 종합사회복지관을 이용하는 노인들이다. 더불어 건강가족지원센터, 보건소, 시니어 관련 기관 등 중장년 대상의 교육도 효과가 높다. 중장년은 샌드위치 세대인 만큼 부모님의 죽음과 자신의 노년을 함께 떠올리게 된다. 또 혹시 자신이 떠나면 이후 남겨질 가족들이 걱정된다. 장례식장을 방문할 일이 점점 많아지고 사별로 인한 어려움을 겪는다.

청소년들도 웰다잉 교육이 필요하다. 죽음은 생명의 소중함을 비춰주는 거울이다. 나아가 죽음은 삶을 올바른 방향으로 나아갈 수 있게끔 안내하는 나침반이다. 교육을 진행하면서 의외로 효과성이 높았던 대상은 자원봉사자였다. 웰다잉 수업 진행 중에 임종을 앞둔 분들의 영상을 함께 시청한다. 그들은 살아오면서 나누고 베풀지 못한 것들을 후회했다. 쌓지 못함보다 나누지 못함을 아쉬워했다. 자신의 삶이 의미가 있었는지 되돌아보았다. 암 투병 환자들도 암을 낮게

만 해준다면 앞으로 나누고 베풀며 봉사하는 의미 있는 삶을 살겠다고 말했다. 그래서 봉사와 나눔은 죽음을 앞두고 시작하기엔 늦다. 삶에서 일상처럼 이루어져야 한다. 자원봉사자들은 교육을 통해 봉사와 나눔을 실천해야겠다는 소감을 밝힌다. 그래서 웰다잉 교육은 자원봉사자들의 동기 부여에 효과적이다.

웰다잉 교육의 '2차 고객'은 죽음과 관련된 다양한 욕구와 어려움을 마주하는 사회복지 서비스 종사자들이다. 사례관리 담당 사회복지사가 클라이언트의 고독사나 자살을 목격했을 때, 트라우마 치료와 사별, 상실에 대한 대처가 필요하다. 요양시설에서 근무하는 요양 보호사, 간병인, 간호사 들이 겪는 이용인 사별 이후의 슬픔에 대한 대처 교육이 필요하다. 혹은 치매를 겪고 있는 부모를 어떻게 돌볼 것인가, 장애를 가지고 있는 자녀들을 어떻게 남겨두고 떠날 것인가, 사회적으로 문제가 되는 동반 자살, 간병 살인 등에 대해서 어떻게 대처해야 하는가, 늘어나고 있는 1인 가구와 지역 사회의 고독사를 어떻게 예방할 수 있는가에 대해 교육도 계속 요구된다. 이처럼 웰다잉 교육의 대상자는 아이에서부터 노인에 이르기까지 전 연령과 다양한 사회 문제에 걸쳐 있다.

연구소장, 할 만한가요?

꿈을 위해 퇴사를 했어도 처음 시작한 연구소의 일은 벅찼다. 복지관에서 혼자 한다고 생각했던 일들이 실은 모두가 함께해 온 일이라는 것을 실감했다. 프로그램 진행도 계획부터 준비, 실행, 평가까지 직간접적으로 여러 직원의 도움 덕분에 가능한 일이었다. 연구소 개소부터 사업 계획 수립, 홍보, 교육 사업 제안, 참여자 모집, 프로그램 진행, 수입 지출 관리까지 모든 것을 스스로 해야 했다. 기관에 종사할 때는 몸이 아프면 부득이하게 휴가를 쓰거나, 출근을 못하면 일을 대신해 줄 동료들이 있었다. 1인 기업인 연구소장은 아파도 대신해 줄 사람이 없다. 그래서 컨디션 및 일정, 건강 관리에 더 신경 써야 한다.

일 년 내내 꾸준히 일이 들어오는 것도 아니다. 매년 1월부터 3월 즉, 1분기는 프리랜서들 사이에서 보릿고개라 불릴 만큼 한가하고 수입도 적다. 주 수요처인 복지관의 예산이 입금되고 사업계획서 승인이 나는 과정으로 1분기에는 거의 사업을 진행하지 않기 때문이다. 반면 4분기에는 혼자서는 감당하기 힘들 만큼 일이 밀려든다. 복지관이 사업과 예산을 당해 연도에 마무리 지어야 하기 때문이다. 1인 기업은 1년 내내 일이 없으면 불안하고, 많으면 지쳐버리는 불확실성과 싸워야 한다.

반면 혼자서 할 수 있는 일에 대한 재미가 있다. 기관에서는 내가 하고 싶은 일만 할 수 없었다. 프리랜서로 활동하며 내가 할 수 있는 일'만' 할 수도 있다. 기관에서는 하고 싶은 사업이 있으면 기관장과 관리자의 승인이 필요했고, 각종 서류 절차와 회계 보고가 이루어져야 한다. 반면 나는 아이디어가 떠오르면 바로 계획하여 실행할 수 있다. 시도와 실패, 수정이 신속한 만큼 새로운 경험을 쌓을 수 있다. 시도와 실패가 잦은 만큼 성공 경험도 많아진다. 실리콘 밸리의 벤처 기업처럼 틀에 박힌 시도보다 새로운 것들을 마음껏 도전해 볼 수 있다.

2014년 행복한 죽음 웰다잉 연구소를 개소하며 가장 많이 듣는 질문은 "먹고는 살아요?"였다. 선배들은 걱정했고, 후배들은 의심했다. 죽음은 잘 팔리는 상품이 아니다. 나는 연륜이 있는 지긋한 나이의 강사도 아니다 보니 지혜와 노하우도 부족했다.

연구소 개소 이후 첫해의 연간 수입은 300만 원이었다. 회기당 3만 원의 강사비를 받는 초보 강사였다. 생계를 이어가기에도 부족했다. 6개월이 지나자 얼마 되지도 않던 퇴직금을 날렸고, 가지고 있던 물건들을 하나둘 중고 시장에 내놓았다. 마이너스 통장과 대출로 버텼다. 기관에 근무할 때는 직장인이라 신용도가 높았으니 마이너스 통장도, 대출도 한도가 높았다. 퇴사를 하고 연구소장이 되었지만, 마이너스 통장 연장도, 대출도 어려웠다. 다행히 부양가족이 없는 미혼이고, 부모님께서도 경제활동을 하셨던 터라 혼자 입에 풀칠만 하면 되기에 버틸 수 있었다. 돈벌이를 하는 것이 가장 큰 어려움이었다. 그럼에도 불구하고 웰다잉을 포기할 수 없었다.

그러다가 '죽음 복지를 말하는 웰다잉 플래너' 강원남은 조금씩 입소문을 타기 시작했고, 그를 따라 수입도 첫해의 4배, 6배, 10배, 12배, 15배까지 올라갔다. 그러나 이제 안정이 되었구나 안심할 무렵 코로나가 찾아왔다. 대면 수업은 모두 중단되었고, 나뿐만 아니라 많은 이들이 모두 어려운 시간을 겪어야 했다. 다른 프리랜서들은 비대면 강의를 할 수 있었지만, 코로나에 가장 취약한 어르신들을 직접 만나기는 어려웠다. 강의가 연기되었다. 시간이 지나자 취소되었다. 시간이 더 지나자 강의 의뢰조차 없었다. 다시 마이너스 통장과 대출로 생활을 이어갔다. 코로나가 잦아든 지금에야 다행히 회복 궤도에 올라섰다.

재미있는 제안도 있었다. 대기업 보험 회사에서 연락이 왔다. 내가 웰다잉에 대한 강의를 하면 본인들이 이어서 보험 상품을 판매하겠다는 제안이었다. 기관 섭외도 본인들이 할 테니 수요처도 많고, 승낙만 하면 안정적인 수입이 보장될 수 있었다. 하지만 나는 거절했다. 죽음의 공포를 담보 삼아, 보험을 파는 미끼가 되기 싫었다. 어느 상조 회사에서는 죽음에 대한 추모 공간을 담은 홈페이지를 제작하자 했으나, 지나치게 상업적 성격을 띠고 있어 거절했다.

1인 기업 연구소장, 그리고 웰다잉 강사 역시 생계를 유지하는 것은 중요하다. 하지만 돈이 전부는 아니다. 처음 웰다잉을 시작한 10년 전에도 이미 웰다잉 강사는 있었고, 지금도 여러 기관에서 웰다잉 강사를 배출하고 있다. 하지만 제대로 된 교육을 하지 않는 일부 웰다잉 강사 때문에 웰다잉에 대한 이미지가 나빠지기도 한다. 처음 수요 조사를 위해 사회복지사들에게 인터뷰를 하면 웰다잉에 대한 호감이 낮았다. 일부 웰다잉 강사들이 교안을 단순히 읽어가며 진행한다거나, 강의는 10분 정도 진행하고 나머지 시간을 웃음 치료나 레크리에이션으로 대체하는 경우도 있었다. 교육의 본질이 왜곡되고 참가한 어르신들의 만족도는 낮았으며 기관에서도 효과성에 대해 의문을 가졌다. 공짜로 강의해 주는 웰다잉 강사도 많은데 왜 강원남을 불러야 하는지, 강의료를 왜 줘야 하냐고 물어보는 기관장도 있었다.

그럼에도 불구하고 나는 행복한 삶과 죽음을 돕는 사회복지사이기에 웰다잉을 포기하고 싶지 않았다. 무엇을 어떻게 준비해야 할지 계속 고민했다. 다른 강사와 차별화된 강점이 무엇일지 고민했고 결국 사회복지사 출신이라는 답을 찾았다. 7년간 노인복지관에서 사회복지 실무 경험을 가지고 있으며, 노인복지와 생사학을 전공한 전문성을 가지고 있었고, 행정 처리도 원활했다. 또 연구소를 시작할 당시 30대로 아직 젊다는 것도 강점이었다. IT 활용 능력이 뛰어났고, 무엇보다 어르신들에게 재미뿐만 아니라 의미를 더한 효과적인 웰다잉 교육 콘텐츠를 만들 수 있는 기술이 있었다.

차별성이라는 성과를 직접적으로 체감할 수 있는 양적 지표는 냉정하지만 '수입'이다. 재능 기부로 진행하는 무료 웰다잉 강사와 유료로 돈을 받고 진행하는 강원남 강사 둘 중에 누구를 선택할 것인가? 이때, 비용을 지불하더라도 나를 선택할 수 있도록 하는 것이 목표였다. 돈이 되는 콘텐츠는 곧 시장의 평가다. 다행히도 이와 같은 시도들은 좋은 평가를 받았다.

프리랜서 사회복지사를
꿈꾸는 이들을 위한 팁

요즘의 MZ세대들에겐 하고 싶은 일을 하면서 수입도 보장되는 프리랜서가 매혹적으로 보이는 것 같다. 그래서 프리랜서 사회복지사로 활동하기 위해서는 어떤 준비를 해야 하는지 종종 묻는다. 예비 사회복지사, 신입 사회복지사, 경력 사회복지사 등 대상에 따라 각각 다른 조언을 한다.

❶ 예비 사회복지사

▸ 예비 사회복지사는 먼저 사회복지기관에 입사하여 최소 5년에서 10년 정도 경험을 쌓는 것이 필요하다. 사회복지는 실천 학문이기에, 현장에 대한 이해 없이 열정만으로는 힘들다. 내부 기안, 공문 작성과 같은 일상적인 실무 능력에서부터 이용자를 응대하고 상담하는 법, 프로그램 계획과 진행, 평가, 홍보, 참여자 모집 등의 과정들을 배우고 직접 실천해 봐야 한다. 프리랜서가 되더라도 기본적인 서류 작업을 할 줄 알아야 하기에 미리 연습이 필요하다.

❷ 신입 사회복지사

▸ 신입 사회복지사들에게는 실무 경험을 바탕으로 자신만의 특화 영역 개발을 권한다. 사회복지사에게는 크게 두 가지, 제너럴리스트와 스페셜리스트라는 갈림길이 있다. 프리랜서 사회복지사는 이를 양분할 수 없다. 제너럴리스트의 자질을 바탕으로 스페셜리스트가 되어야 한다. 나는 대학생 때부터 노인복지로 진로를 정해 준비하며 경험을 쌓았다. 이 같은 기반 위에 생사학과 웰다잉이라는 관심사를 차별화하여 독자적인 브랜드를 만들 수 있었다. 기본적인 사회복지 현장 경험에 미술 및 음악 치료, 사례관리, 홍보, 상담, IT 기술, 글쓰기, 만화 등을 접목시키면 보다 전문적이고 차별된 자신만의 브랜드를 만들 수 있다. 퍼스널 브랜드는 보편성 위의 차별성에서 시작된다.

❸ 경력 사회복지사

▸ 경력직 사회복지사들은 만 10년 이상, 과장일 때 프리랜서를 고민하라고 권하고 싶다. 이르면 영글지 못해 서툴고, 늦으면 관성화되어 도전하기가 어렵다. 나는 리더 경험을 하지 않고 프리랜서를 시작한 것에 아쉬움이 있다. 실무 경험이 많더라도 중간 관리자로서 조직 관리 경험이 없다면 강사로서 활동 외에 사업 제안과 기관 협약, 공모 사업, 정부 지원 사업 등과 같은 사업을 진행하는 데 어려움이 있다. 반면 기관장이나 부장 등 높은 위치에 있으면 관성화되어 비자발적인 퇴사 외에는 1인 기업에 도전하기 어렵다. 약 10년 정도의 근무 경력과 리더로서의 경험을 가진 후에 독립할 것을 추천한다.

앞으로의 꿈

웰다잉 플래너로 활동한지 10년, 앞으로의 10년 뒤 나의 모습은 어떨까? 지금처럼 포기하지 않고 꾸준히 활동을 계속한다면, 그것만으로도 감사할 일이다. 많은 사람들이 여전히 나를 필요로 한다는 반증이기 때문이다.

보다 더 가볍고 실현 가능한 목표를 세우자면, 남녀노소 누구나 편하게 즐길 수 있는 죽음과 관련된 문화공간, 죽음과 함께 웃을 수 있는 공간을 꿈꾼다. 소위 말하는 죽음 카페, 죽음 도서관, 죽음 책방을 생각하고 있다. 죽음과 관련된 다양한 책들을 주제별로 분류하여 관심이 있는 분들, 어려움을 겪는 분들에게 처방하고 싶다. 현장에서 죽음과 관련된 활동을 하시는 분들을 모시고 진행하는 특강, 사별 상담, 자살 상담 등도 연계하여 진행하고 싶다. 가볍게 다과나 차를 마시면서 버킷리스트 혹은 유언장을 작성하거나 관련된 체험 활동을 할 수 있도록 공간을 만들고 싶다. 죽음과 관련된 귀엽고 다양한 사진을 찍을 수 있도록 인생 네컷 부스도 설치하고 싶다.

한편으로는 호스피스 완화 의료 시설에서 자원봉

사를 하고 싶다. 그동안 많은 말빚을 졌다. 말을 멈추고, 떠나가는 분들의 마지막을 배웅하고 싶다. 먼발치에서 바닥을 쓸고 걸레질을 하는 작은 일이라도 하고 싶다. 떠나가신 분들과 가족들을 위로하고 싶다.

그러나 최종 꿈은 내가 말해온 '좋은 죽음'을 맞이하는 것이다. 미리 생각해 둔 나의 묘비명은 '일생 죽음을 궁금해하다 이제 만나러 갑니다'이다. 행복한 죽음 웰다잉 연구소는 사람들의 웰다잉을 돕는 데 목적이 있다. 목적을 이루기 위해 웰다잉 플래너라는 브랜드로 살고 있다. 나는 이 이름에 부끄럽지 않은 삶을 살아가고 있을까? 과연 나는 이 일을 하면서 좋은 죽음을 맞이할 수 있을까? 질문에 대한 답은 다시 삶으로 이어진다. 나는 잘 살고 있는가? 묘비명 앞에 떳떳할 수 있을까? 삶의 끝에 미소 지을 수 있을까? 그래도 죽음을 공부해서, 누구나 인간다운 삶과 죽음을 누릴 수 있는 아름다운 세상이 될 수 있도록 작은 도움이라도 됐다면 그것으로 충분하다.

김대근 문화기획자

지역 사회복지관에서 10년간 근무하고 마을에서
문화로 사람을 잇고 실천하는 사회복지사

#문화기획 #마을 문화 #문화 복지 #마을 축제
#지역 사회 조직화 #작사 작곡 #공동체 문화

문화기획하는
사회복지사

찢어진 백과사전 김대근입니다

나는 파편화된 지역 사회를 문화로 잇는 문화기획자 김대근 사회복지사이다. 비공식적으로 자기소개를 하자면 나는 '찢어진 백과사전', '살얼음의 깊이와 태평양의 넓이', '가늘고 얇고 넓게'이다. 그만큼 이력이 잡다하다. 이러한 잡다함은 문화를 기반으로 한 지역 복지 사업을 수행하는 데 도움이 됐다. 공식적으로 나를 소개할 때는 문화기획자인 사회복지사로 소개한다. 지역 사회복지관의 문화 복지는 이벤트, 사회교육 사업 등을 통칭하는 말로 사용되었다. 하지만 나에게 문화 복지는 지역 사회의 다양한 매개체가 같은 목표를 가지고 함께 나아가게 하는 지역 복지의 실천 도구가 되었다. '파편화된 사회를 문화로 잇는 문화기획자, 김대근'이 나의 퍼스널 브랜딩이다.

중고등학생 시절 장애인 시설에서 봉사 활동을 했다. 사회복지학과가 있는지도 몰랐던 나는 장애인을 돕는 특수 목회로 진로를 잡고 신학교에 진학했다. 대학교 4학년이 되었을 때 호주로 워킹 홀리데이를 1년간 다녀왔다. 돈을 벌면서 영어 공부도 할 수 있는 매력적인 기회였고, 이 경험은 사회복지사의 길을 가는데 큰 영향을 줬다. 서비스 중심의 복지가 아닌 전 국민의 건강권, 행복권을 국가의 책임으로 생각하는 보편적 사회 시스템은 매우 매력적으로 느껴졌다.

그러나 호주를 다녀와서 바로 사회복지사가 된 것은 아니었다. 호주에서 만난 교민이 현지에서 진행하던 사업을 한국에서 벤처 기업으로 확장시키고 싶다며 제안했다. 당시는 나라에서 벤처 기업을 육성하고 있었는데 그 '벤처'라는 단어가 왠지 멋있어 보여 수락을 했다. 처음에는 외국으로 전시회도 자주 나가고 생소한 무역 업무를 경험하는 것이 재미있었다. 그러나 사업 방식에 대한 이견으로 갈등이 커졌고 반복되는 임금 체불로 결국 결별의 길을 택했다. 이때 아마 벤처 사업이 잘됐으면 오늘날 문화기획자 김대근은 없었을 것이다.

돌고 돌아온 사회복지의 길

이런 과정을 겪고 다소 늦은 나이인 30세에 종합 사회복지관의 푸드 뱅크 담당으로 현장 업무를 시작하게 되었다. 평소 친하게 지냈던 선배가 좋은 복지관이 있다고 추천했다. 내가 들어간 복지관은 다른 복지관과는 다소 다른 사업관을 가지고 있었다. 지역 사회에서 시민운동을 오랫동안 해온 분들이 모여 만든 복지관이기도 했고 어떤 일을 하든 지역 사회와 적극적으로 연대해 문제를 해결하려 했다. 또한 '일꾼 학습'이라는 명목으로 매주 책 한 권씩을 읽게 했는데 복지에 관련한 주제 외에 정치, 경제, 사회과학 등 다양한 주제의 책을 읽고 토론하게 했다. 각자 복지 사업의 주역이 되기 위해선 학습을 통해 스스로 역량을 강화해야 한다고 강조했다. 사회복지사가 이런 과정을 겪어야 만나는 주민들도 지역 사회의 주역으로 성장시킬 수 있다고 했던 기억이 난다. 당시에는 무척 힘들었지만, 이런 학습의 기회를 얻을 수 있었던 것은 초보 사회복지사인 내게 큰 행운이었다.

푸드 뱅크 담당이었지만 나는 푸드 뱅크를 단순한 음식 배분이 아닌 지역 복지 사업의 플랫폼으로 활용했다. 이를 위해 문화적인 기법을 사업에 활용했다. 크게 세 가지 사례가 기억에 남는다.

첫째, 기탁처 중 이웃과의 만남에 적극적인 사장님을 설득해 한 달에 한 번 그 가게에서 어르신들의 생신상을 차려드렸다. 무더운 여름날에는 냉면가게 사장님이 이웃들에게 냉면을 즐겁게 기부하도록 했다. 이벤트 쿠폰을 만들어서 아이들이 눈치보지 않고 언제든지 식당을 이용할 수 있게 했다. 이전엔 복지관으로 불러서 행사로 진행하던 일이었는데 이웃들이 지역 사회의 일을 나눠서 하게 된 것이다. 푸드 뱅크에 기탁된 음식을 받으려면 무조건 복지관에 찾아와야 했는데 이 또한 집에서 가까운 곳에서 받아갈 수 있도록 했다. 기탁처가 배분처의 역할도 기꺼이 맡아준 덕분에 가능한 일이었다.

둘째, 서울시 도봉구 창동역 앞 광장을 도봉구청과

협업하여 공연과 문화 행사가 펼쳐지는 광장으로 바꾸고, 복지관의 오래된 행사였던 바자회를 주민 축제인 골목 대장터로 전환하는 작업을 했다. 복지관에서 근무하며 바자회에서 몇 번이나 큰 성과를 냈지만, 곧 바자회의 불안정한 후원 구조와 그 목적에 대한 고민이 생겼다. 일시적인 후원이 아닌 지속적인 후원과 만남으로 이어졌으면 좋겠다는 마음으로 바자회 사업을 축제의 장으로 만들자는 욕심이 생겼다. 골목에서 진행하는 바자회의 특징을 따 '골목 대장터'라는 이름으로 축제를 기획했다.

골목 대장터 축제 회의는 조직 내 동료들뿐만 아니라 주민들과도 함께했고, 마무리 이벤트로 40미터의 거대 김밥말기 등의 신선하고 다양한 아이디어가 나왔다. 전 과정에서 함께 나누었기에 주민들도, 직원들도, 나도 모두가 만족한 축제였다. 축제를 통해 골목을 주민에게 돌려주었고, 과거의 골목 문화를 다시 이어감과 동시에 골목 안에 다양한 목적으로 모인 사람들의 조화로까지 이어져 더 좋은 모습이었다.

셋째, 청년들과 함께한 문화 운동 조직 '문화마을'도 생각난다. 문화마을의 골목 문화제 활동 중에는 국내의 놀이터를 선정해 지역 문화를 형성하는 활동이 있었다. 어느 놀이터에서 담배를 피거나 술을 마시는 어르신들로 지역 주민들 간의 갈등이 쌓였다. 지역 주민들에게 노인들은 나가줬으면 하는 존재였지만, 노인들은 마땅히 갈 곳이 없는 상황이었다. 공무원조차도 노인을 밀어내려고만 하는 상황 속에서 어떤 방법이 최선인지 고민이 생겼다. 문화를 통해 그들을 어우르게 할 수 있다는 확신을 가지고, 놀이터에서 마술과 공연 등 다양한 문화 활동을 시작했다.

그러던 중에 장기를 즐겨 두시는 어르신들을 보며 외국에서 보았던 공원 공용 체스판이 떠올랐고, 그것을 응용해 거대 장기판을 만들었다. 박스로 피자 한 판 크기의 장기알을 직접 만들고 바인더 끈을 이어 장기판을 만들어 노인과 어린이를 짝지은 '거대 장기 대회'를 열었다. 몇 달이 지나니 노인과 아이들은 인사를 나누기 시작했다. 이렇게 경직된 관계에 균열이 생기고 새로운 관계로 이어지기 시작했다. 결국 어르신들은 놀이터에서 음주나 흡연을 자제하고 지역 사회 내 아이들의 보호자 역할을 맡기까지 하셨다.

그렇게 10년을 일하고 복지관을 나왔다. 애초에

5년 근무를 생각하고 일했던 복지관이었는데, 좋은 조직이었던 덕분에 두 배 이상 길게 경력을 쌓았다. 사회복지 현장에서 지역 복지에 뿌리를 둔 사회복지사였기에, 다른 분야에서 일하게 됐을 때도 문화를 매개로 한 지역 조직화를 최우선 가치로 두고 일한다는 기조는 변하지 않았다. 그것은 지금 내가 문화 복지사라는 퍼스널 브랜딩을 갖게 된 시작이 되었다.

마을 예술 창작소 창고와 공동체 예술

서울시에서 마을 공동체 사업이 진행된 적이 있었다. 당시 서울 시장의 시정 사업이긴 했지만 10년 이상 지역 복지 사업을 해 왔던 사회복지사에게 이 사업은 기회였다. 내가 근무했던 지역인 도봉구에서 마을 예술 창작소 사업을 추진한다는 소식을 듣게 됐다. 도봉구에서는 이 사업을 민관 협력 사업으로 준비하고 있으며 옛 주민센터 건물을 주민들의 문화 거점으로 활용할 계획이라는 것이다. 이 소식을 듣고 나는 구청장을 찾아가 이 사업의 적임자가 바로 나라고 설득했다. 이 사업을 주관하는 서울시에서 이 사업의 설명회를 할 때 적임자로 돈키호테 같은 사람이 좋다고 한 모양이다. 그런데 구청장 앞에 바로 돈키호테가 나타난 것이었다.

사업의 담당자가 된 이후 지역에서 맺은 인연들뿐 아니라 다양한 구성의 사람들을 모아 운영 위원회를 조직했다. 이 운영 위원회는 주민들의 의견을 모았고 이 의견들을 근거로 토론했다. 마을 주민 모두가 '만만하게' 이용할 수 있는 공간을 만들기 위해서였다. 그러나 '만만한' 공간을 위한 일은 결코 만만한 작업이 아니었다. 이름을 짓는 것부터 시작해서, 작업의 작은 부분 하나하나 쉽게 넘어가는 것이 없었다. 하지만 이런 작업이 '진정한 예술'이라고 정신 승리의 멘트를 날리며 이 과정들을 버텨냈다.

격론 끝에 정해진 마을 예술 창작소의 이름은 '창고'였다. 마을 예술 창작소가 위치한 동의 이름이 창동인데 '창고가 있는 동네'라는 뜻이다. 지역 사회에 근거를 둔 활동을 펼치겠다는 의지를 담은 이름이었다. 전체 공간 공사는 관의 규약대로 공개 입찰 계약을 통해 진행됐지만 우리의 영혼을 담은 공간은 업체에 맡기지 않고 직접 손으로 작업했다. 오래 걸리고 예산도 많이 드는 작업이지만 이 수고스러운 작업이 모두를 하나로 묶어냈다. 한 사람 한 사람의 의견을 모으고 점진적으로 진행되니 모든 공간에 영혼이 깃든 느낌이 들었다. 마을 예술 창작소 창고는 이렇듯 사라질 때까지 공간의 변화를 멈추지 않았다.

공간 조성의 하이라이트는 지하에 조성된 온돌방이었다. 당시는 적정 기술이라는 것이 처음 알려지던 시기였다. 적정 기술이란 그 기술이 사용되는 사회 공동체의 정치적, 문화적, 환경적 조건을 고려해 해당 지역에서 지속적인 생산과 소비가 가능하도록 만들어진 기술로, 인간의 삶의 질을 궁극적으로 향상시킬 수 있는 기술을 말한다. 화석 연료를 사용하지 않고 환경에 최대한 영향을 미치지 않게 난방 장치를 만들었다. 이렇게 만든 구들은 일반 화목 난로보다 나무 연료를 1/3 이하로 사용하여 공간과 바닥과 온수까지 활용할 수 있었다. 하지만 많은 노동력이 필요했다. 매일 아침마다 나무를 구해와 도끼질을 하는 것이 하루의 일상이 됐다. 나무는 산이나 공원에서 버려져 있는 것들을 활용했다. 공간을 메우고 꾸며주는 가구들은 골목에 버려진 가구 재료들을 주워서 활용했다. 이를 위해서 모두가 목수가 되었고 재활용

수집가가 되었다.

이렇게 운영되던 창고는 서울시 평가에서 최고 등급을 받았음에도 불구하고 오래 지속되지 않았다. 큰 예산을 얻어 그럴듯한 규모의 사업을 기대했던 구는 주민들과 소통하며 점진적으로 일이 진행되는 창고의 방식을 좋아하지 않았다. 마을 공동체 사업을 좋아하지 않는 분들의 견제 또한 해를 거듭할수록 심해졌고, 서울시의 지원 기간도 애초의 약속과 달리 조기 종료되자 구 또한 예산 지원을 철회하겠다고 선언했다. 결국 창고는 아쉬움을 남긴 채 2016년 6월에 문을 닫게 되었다. 짧지만 주민들이 편하고 만만하게 사용할 수 있었던 공간, 그래서 더 많은 사랑을 받았던 '창고'는 이제 사람들의 기억과 이야기 속에서만 존재하게 되었다.

문화기획자이자 사회복지사

아쉬움을 남긴 채 '창고'를 정리했지만 함께 참여했던 주민들의 활동은 끝나지 않았다. 창고를 정리한 이후 다시 모여 1박 2일의 워크숍을 가졌다. 이 자리에서 공간을 운영하는 활동은 더 이상 할 수 없지만 마을을 멋있게 바꿔내는 활동은 이어가자고 결의했다. 이런 의미에서 단체명을 '더창고'라 했다. 창고를 '더' 이어가겠다는 의지의 표명이었다. 현재 마을 예술 복지 플랫폼 '더창고'는 공간에 제약되지 않은 상태에서 각자 활동을 통해 결합하고 흩어지는 느슨한 네트워크 활동을 이어가고 있다. 얼마 전에는 북한산 국립공원 인근에 세워지는 콘크리트 녹지 연결로 건설 반대를 위해 결집하기도 했다. 나는 현재 '더창고'의 대표를 맡아 활동을 기획하고 사례를 공유하고 교육하는 역할을 담당하고 있다.

지역 사회에서 사회복지사의 역할은 서로 상생하고 더불어 살 수 있도록 지원하고 옹호하는 것이다. 즉 문제를 직접 해결하는 것이 아니라 해결할 수 있는 문화를 만드는 사람이라고 생각한다. 문화란 일시적인 유행 현상이 아닌 일상에 뿌리내리고 자연스럽게 실행되는 것을 말한다. 이러한 문화는 일시적인 이벤트에서 만들어지지 않는다. 끊임없이 관계를 이어가고 소외되는 사람 없이 자연스럽게 나눔의 행동들이 나타나야 한다. 이러한 공동체 문화는 복지의 문턱을 낮추고 참여의 지평을 넓힌다. 내가 사회복지사의 정체성을 가지고 문화의 확장을 강조하는 이유다. 각자도생 사회에서 파편화된 관계는 사람들을 외롭게 만든다. 이렇게 고립된 관계를 이어주고 소통하게 돕는 것이 사회복지사 역할의 핵심이 되었다. 이 역할을 수행하는 데 문화적 소양과 기획력을 갖추는 것은 이젠 선택이 아니라 필수이다.

그렇다고 이벤트와 공연과 같이 일반화된 문화 콘텐츠를 무시하진 않는다. 서울문화재단과 협력하여 FA(Failitator Arts)라고도 불리는 생활 예술 매개자 활동을 한 적이 있다. 마을에서 동아리 활동을 하는 사람들이 마음껏 지역에서 활동할 수 있도록 지원하는 일이었다. 단순히 활동을 지원하는 것이 아니라 동아리 활동을 매개로 이들을 조직하여 마을 일에 참여할 수 있도록 유도했다. 이런 일상적인 동아리 활동은 개인의 취미에서 시작하지만, 공연과 전시 활동을 통해서 외부와 연결되고 싶어 한다는 것에 주목했다. 이들은 마을에서 꽤 신나게 활동을 이어 나갔다. 유휴 공간, 공유 공간을 가리지 않고 모이고 공연하고 전시하면서 주민들과 소통했다. 개인의 선호가 공동체와 연결되어 지역 사회에 활력을 만들어 냈다. 좋은 문화 활동이 많아진다는 것은 결국 공동체와 구성원 모두가 건강해지는 것을 의미한다. 내가 사회복지사로서 마을의 다양한 문화 활동에 주목하는 이유이다.

함께 만드는 노래, 함께 만드는 세상

사춘기였던 중학생 때 기타를 치기 시작했다. 당시 500원 정도 하던 작은 악보 책이 있었는데 거기에 나오는 노래를 함께 부르다 보면 몇 날 며칠이 순식간에 지나갔다.

세월이 흘러 2004년 서울시가 사회복지사들의 반대에도 불구하고 서울복지재단의 초대 대표이사로 비사회복지사 출신의 낙하산 인사를 선임했다. 사회복지사들이 모여 대표이사 반대 및 퇴진 시위를 위해 서울역 광장에 모였다. 이때 섭외된 공연자들이 다 외부에서 초빙한 팀들이었다. '이럴 때 사회복지사가 공연을 이끌면 어땠을까?' 하는 질문을 가진 사람들이 밴드를 만들었다. 사회복지사들의 밴드라 하여 '웰페어 밴드'라 이름을 지었고 줄여서 '웰밴'이라 불렀다. 이 밴드에서 15년간 활동했다. 지금은 동네 사람들끼리 만든 밴드도 하고 있고 사회복지사 노동조합 노래패

'길모퉁이' 등을 만들어 활동을 이어가고 있다.

사실 나는 노래를 못한다. 그래서 공연을 할 땐 주로 연주자로 참여한다. 그러다 노래를 시키면 내키지 않은 척하면서 노래를 한다. 가끔 작곡도 한다. 작곡을 배운 적이 없는데 고등학생 때부터 자작곡을 몇곡 만들었다. 이런 노래들을 만든 것이 계기가 되어 '세상을 바꾸는 사회복지사'와 '내가 만드는 복지 국가' 같은 단체가 주축이 되어 진행하는 〈복지 국가 촛불 10주년 기념곡〉을 작사·작곡을 하게 됐다. 노래를 잘하지 못하고 작곡을 잘하지 못해도 노래하고 작곡할 수 있다. 그 속에 담긴 정성과 진심이 전부 빛나게한다. 내가 바라는 세상과 하고자 하는 일들이 결국증명해 줄 것이다.

이렇게 노래를 만들다 보니 내가 현장에서 만나는사람들과 함께 노래를 만들어 보면 어떨까 하는 생각을 하게 됐다. 반드시 노랫말이 멋있거나 아름다울 필요는 없다. 오히려 가식 없이 나오는 욕에서 진심과 연민이 느껴지기도 한다. 사회복지사는 사회적으로 규정된 이미지 때문에 사용하는 언어에서 경직성이 느껴지기도 한다. 경직된 언어와 행동으로는 진심 어린 공감대를 얻어내기 힘들다. 이런 일탈을 퇴근 후나 술자리가 아닌 일자리에서 실현시키면 사람들과 훨씬 더 부드럽고 즐겁게 일할 수 있지 않을까? 앞으로 현장에서 이런 소리가 많이 울려 퍼지면 훨씬 즐거울 것 같다.

김대근 작가·작곡 〈함께 가자 복지 국가로〉

나와 만나는 사람들

문화기획자이자 사회복지사인 나는 다양한 사람들을 만나고 있다.

첫 번째로 가장 많이 만나는 사람은 현장의 사회복지사이다. 문화는 사람의 일상과 사회적 이슈가 영향을 주고받으며 형성된다. 어떤 것은 아무리 노력해도 사람들에게 받아들여지지 않으며 소멸되지만, 어떤 것은 사람들에게 울림과 공감대를 주면서 남게 되고 문화로 정착된다. 복지가 문화를 만들어 가는 것은 그런 면에서 의미가 있다. 기관의 일정과 사업 중심의 가쁜 호흡에 맞춰 실행하는 사업은 아무리 노력이 들어가도 문화로 정착되지 않는다. 긴 호흡을 가지고 지역 사회를 둘러싼 배경을 조사하고 정성을 들이면, 마을의 문화로 정착되어 가고 있음을 깨닫게 되리라 믿는다.

아직까지 사회복지사들은 현장 업무에 직접적으로 도움을 주는 교육을 선호한다. 그러나 공동체의 다양한 가치를 중심으로 생각하고 질문을 던지는 교육은 마을과 사회복지사를 함께 성장시킨다. 이런 과정을 거친 사회복지사는 어떤 현장에 가든지 환영을 받을 것이다. 반대로 주어진 실무에만 충실했던 사회 복지사의 일은 아무리 잘했더라도 그가 떠나면 흔적을 찾기 어려울 것이다.

두 번째는 공익 활동가 및 중간 지원 조직 실무자이다. 2010년대 이후 지역 사회와 복지관에서 가장 많이 불린 명칭 중 하나가 '활동가'인 것 같다.

지자체 주도로 주민자치회 사업과 지역 사회 보장 협의체 사업이 본격화되면서 활동가의 영역도 확장되었다. 이 두 사업의 조직 편제를 보면 관의 동장이나 구청장 등 책임 공무원과 주민이 동등한 위치와 권한을 가지고 협의하게 되어 있다. 이런 구조의 사업을 '거버넌스'라 부른다. 그러나 이런 제도를 마련했음에도 불구하고 여전히 주민들은 활동가보다는 동원된 참여자의 모습에 머물고 있다. 주민들에게 주도적인 역할을 배정하고 활동가로 성장시키고 싶은 것이 나의 바람이다. 초기에는 1회성의 의무 교육 시스템으로 교육을 진행한 적이 많았으나, 최근에는 일상적이고 보완적인 교육 프로그램을 진행하기 시작했다. 이런 주민 활동가가 많아질수록 관의 행정과 실무에 대한 이해가 더 많이 필요해졌다. 이를 돕기 위해 생겨난 곳이 중간 지원 조직이다. 행정 경험이 많지 않은 주민 활동가의 이해를 돕기 위한 조직인데 시간이 흘러가면서 중간 지원 조직의 정체성이 모호해졌다. 점점 중간 역할은 포기하고 관의 요구를 전달하고 관리하는 조직으로 변질되는 경우가 많다. 요즘은 중간 지원 조직을 직영 조직으로 바꾸는 분위기다. 그러나 주민 당사자 중심의 민주적 주민 참여 사업을 위해서는 민간 참여 조직에 의한 주민 사업이 필요하다고 생각한다. 중간 지원 조직의 활동가들이 본연의 일에 대해 자부심을 갖고 계속 주민과 함께 성장했으면 좋겠다.

세 번째는 단절과 상실을 경험한 사람들을 만난다. '안산온마음센터'에서 공동체 문화 워크숍 사업을 기획하고 진행한 적이 있다. 세월호 참사를 겪은 유가족의 정신적 트라우마를 경감하기 위해 만든 기관이 '국가트라우마치유센터'이며 이 조직의 대외 명칭이 '안산온마음센터'이다. 문화 공동체 기획을 기획한 입장에서 가장 시급한 것은 유가족들의 무너진 일상을 어느 정도 복원시키는 것으로, 이는 이웃 관계의 회복을 통해서만 가능한 일이라 생각했다. 바로

1차 기획안을 작성해 사회복지사들과 예술가들이 모여 기획단을 조직하고 프로그램을 짰다. 유가족을 비롯해 이들의 주변에 생존자 가족, 평범한 이웃 주민, 시민 사회 및 복지기관 종사자들을 모집했다. 6회차의 워크숍을 진행했는데 일상의 이야기와 가벼운 불만을 끌어내 '불만 노래'를 만들었다. 태어나서 처음으로 자신들의 이야기를 가지고 작곡을 했고 발표하는 시간을 통해 서로를 위로하고 격려했다.

복지 현장에는 사회적 재난 같은 큰 사건 사고가 아니더라도 상실로 인해 고통 받는 사람들이 많다. 당장의 결핍을 해결해 주는 도움도 필요하겠지만, 이들을 정서적으로 지원하고 자신의 이야기를 드러낼 수 있게 하는 것이 보다 중요하다. 이런 곳에 공동체 문화만큼 큰 힘을 발휘할 수 있는 것이 있을까?

아직 해결되지 않은 고민들

사회복지 조직을 떠난 조직 밖의 문화 복지사로서 아직 해결되지 않은 고민들이 있다.

첫 번째 고민은 선거 결과에 의해 극단적으로 복지 정책이 바뀐다는 점이다. 사회복지사는 '공공(公

共)'의 가치를 우선으로 두는 사람이다. 그러나 우리 나라는 선거 결과에 의해 극단적으로 복지 정책이 바뀌는 나라이다. '보편적 복지냐 선택적 복지냐' 논쟁이 그렇고 재개발 이슈가 거주민의 대부분을 차지하는 세입자의 삶을 덮어버리는 것이 그렇다. 이에 대해 전문적 소견을 내놓지 못하는 사회복지사들의 상황도 답답하긴 마찬가지다. 지자체의 선택을 받아 위탁체의 수명이 결정되는 기관에서는 정책에 대한 소신을 주장하기 어렵다. 사회복지 윤리 강령을 보면 사회복지사는 '사회적·경제적 약자들의 편에 서서 사회 정의와 평등·자유와 민주주의 가치를 실현하는 데 앞장선다'고 되어 있다. 그러나 현장에서 우리 사회복지사는 지자체장의 정치적 입장과 성과 달성을 위해 묵묵히 일하는 존재이다. 이러니 사회적으로 양극화, 빈곤 및 차별의 문제점이 이슈화될 때 언론들은 사회복지사들에게 의견을 묻지 않는다. 우리는 세상에 필요한 존재로 인정받는 사람들인가?

내가 생각하는 사회복지사는 지역과 더불어 사는 사회 문화를 만드는 사람들이다. 문화는 지배적인 생각과 담론 위에 생성되고 지속하게 된다. 공동체 구성원들에게 배려와 존중 없이 자기 이익에 몰두하는 자는 문화에 의해 제어될 수 있어야 한다. 당파적 정치 입장에 따라 변모하는 정책 또한 마찬가지다. 그들의 일이 공동체를 해칠 때 주민들의 저항에 막혀 좌초되고 수정되는 일이 일어나야 한다. 이를 가능하게 하는 문화가 지역을 단위로 활동하는 사회복지사의 활동을 통해 이뤄질 때 우리는 비로소 사회에 필요한 권위를 확보할 수 있다고 본다.

두 번째 고민은 지역 사회 실천에서 문화 복지가 공인되지 않는 것이다. 2005년 서울복지재단에서 나온 종합사회복지관 매뉴얼에서 종합사회복지관 체계를 지역 복지, 재가 복지, 가족 복지로 정리해놨던 기억이 난다. 이 체계와는 별도로 문화 복지가 명시되어 있었는데 내가 일하던 방아골복지관은 이 문화 복지 체계를 앞의 세 가지 복지 분야에서 독립시켜 담당자로 나를 배치했다. 이 부분을 특화한 것은 내 장점을 극대화시키기 위한 기관의 배려였다. 이때부터 나는 문화계 인사들과 교류하기 시작했고 문화 복지에 대한 이야기를 나누기 시작했다. 그러던 중 문화계에서 문화 복지센터를 건립하기 위한 공청회를 연다는 안내문을 보았다. 문화계가 복지를 어떻게 이해하고 문화 복지센터 사업은 어떻게 준비하고 있는지 궁금해서 참석했지만, 이런 기대가 잘못된 것이라고 깨닫기까지 오랜 시간이 필요하지 않았다.

이 자리는 복지계와 문화계가 서로 다투는 자리였다. 복지계에서는 '복지'란 명칭을 함부로 쓰지 말라고 공격했고, 문화계는 복지에 대한 이해가 전혀 없는 발언을 통해 각을 세웠다. 결과적으론 이 사업은 무산됐지만 그때 싸우지 않고 협력하는 방법을 찾았다면 어땠을지 아쉬움이 남는다. 문화는 복지와 협력하여 보편적 복지를 통해 사회 문화를 개선할 수 있는 기회를 놓쳤고, 복지는 사람들의 정서를 아우르고 문화와 연결고리를 확대할 수 있는 기회를 잃었다. 자기 분야, 기관 중심의 폐쇄적인 사고는 스스로를 고립시킨다.

사회복지사는 창의력이 필요하다

사회복지사는 지역 문화를 바탕으로 문제를 해결하기 위한 기획을 해야 한다. 기획의 기초는 창의력이다. 사람들은 상상력과 창의력을 혼동한다. 머릿속에서 공상하는 것을 상상력이라 한다면, 창의력은 그 생각을 실현시키는 것을 말한다. 기발한 아이디어를 많이 낸다 해서 창의력이 좋은 것은 아니다. 창의력은 실패했던 방식을 되풀이하지 않고 대응하는 능력이기 때문이다. 많은 사람들이 창의력은 타고난다고 생각하지만 그렇지 않다. 창의력은 노력을 통해서 강화할 수 있다. 창의력은 실행력과 효율성이 담보되어야 한다. 이 모든 것을 전략적으로 수행하게 하는 것이 기획이다. 문화기획은 이러한 것들을 지속 가능하게 하는 설계이다.

기후 위기를 비롯한 팬데믹 등 전 세계를 위기로 몰아가는 문제들은 가장 취약한 계층의 사람들에게 돌봄의 문제로 나타났다. 이전에 경험하지 못했던 문제들이기에 기존 시스템으로는 대응하기 어렵다. 이제 우리에게 창의력을 발전시키는 것은 선택이 아닌 필수의 문제이다. 내가 생각하는 창의력의 발전 방법은 분야에 고립되지 않고 다양한 분야와 계층의 사람들과 만나서 소통하는 것이다. 그래야 우리의 경험치가 넓어지고 공동 대응의 방법을 찾을 수 있게 창의력도 높아질 것이다.

늘 반복되는 일에 지쳐 있는가? 새로운 돌파구를 찾고 싶은가? 그럼 진지하게 지역 문화를 기반으로 사회 문제 기획의 일에 동참할 것을 권유한다. 우리에게 닥친 위기를 기회로 만들기 위해서는 기존에 실패했던 방식을 끊어 내는 노력이 필요하다.

창의력을 높이기 위한
기획자의 자세

❶ 방법을 고민하기보다는 '왜?'라는 질문에 주목해야 한다.

❷ 기획은 반드시 다양한 사람들과 검증과 소통의 단계를 거쳐야 한다. 기획력은 여기서 발전한다.

❸ 상상만 하고 실천하지 않으면 모든 것이 사라진다. 창의력은 반드시 실천과 연결되어야 한다.

❹ 생각은 멀리, 실천을 가까이. 멀리 바라보고 장기적인 비전을 가져야 하지만, 실천은 일상과 주변의 쉬운 일부터 시작하자.

❺ 기획력은 나이가 들어도 노력에 의해 발전한다. 절대 노력을 포기하지 말자.

조직이 답답하고 한계로 느껴질 때

자신이 속한 기관이나 조직에 대해 긍정적으로 이야기하고 자부심을 갖는 사회복지사들을 거의 본 적이 없다.

솔직히 말해 나는 조직에 있을 때 사고가 많았다. 지금도 조직 내에 오래오래 회자되는 사고 사례를 가지고 있기도 하다. 조직이 조금이라도 부당하다 느낄 땐 문제 제기를 많이 하기도 했다. 때론 이 문제에 대해 동료들과 다투기도 했다. 우리는 가치를 중심에 두고 일하는 사회복지사들이다. 금전적 보상이 중요하지만 그보다 우리 일이 사회에서 꼭 필요한 일이라는 확신과 보람이 중요하다. 때로는 조직의 문제가 우리의 이런 동기와 의지를 꺾기도 한다. 특정한 사람의 불통과 비행으로 인해 문제가 벌어지기도 하지만, 조직이 가지고 있는 태생적인 한계 때문에 문제가 발생되는 경우가 더 많다. 이럴 땐 내가 가지고 있는 딜레마가 어떤 일 때문이었는지 고찰하고 판단을 하는 것이 필요하다. 이 문제가 관계 때문인지 조직의 문제인지 확인하고, 이때 나의 감정이 어떠했는지 성찰할 수 있다면, 나는 조직의 한계를 뛰어넘는 사람으로 성장할 수 있다.

　조직은 혼자가 아니기 때문에 자신의 소신을 온전하게 받아주지 못한다. 그 가운데 느끼는 답답함은 해결하기 쉽지 않다. 거기에 갈등을 겪는 동료와의 문제가 쉽게 해결될 기미를 찾지 못하고 계속된다면 조직은 지옥으로 변해갈 수도 있다. 그러나 그것을 한계로 설정하지 않았으면 좋겠다. 가장 최악의 상태로 그곳을 빠져나오지는 말았으면 좋겠다. 최악의 상황으로 조직을 나왔을 경우 다른 조직으로 옮겼을 때나 독립된 개인으로 사회복지사 일을 계속할 때 악영향을 끼칠 수 있다. 때론 그 때의 트라우마로, 때론 억울하기도 하겠지만, 그 조직에서 남은 평판으로 어려움을 겪을 수도 있다.

　조직은 완전하지 못하다. 그 안에 있는 개개인은 말할 것도 없다. 대부분 사회복지 조직은 스스로 자립하기 어려워 몇 년에 한 번씩 돌아오는 위탁과 평가에 사활을 걸어야 하고, 그 과정 중에 조직원들의 소모가 많다. 그 한계를 인정해야 한다. 그 한계로 인해 조직에서 하는 나의 일이 의미가 없다는 생각은 하지 않았으면 좋겠다. 어차피 세상에 모든 일은 수많은 한계와 소멸의 위기 속에서 벌어진 일들로 발전해 왔고, 우리도 그 원동력으로 인해 존재하는 것이다. 이런 이야기를 구구절절 하고 있는 이유는 당신이 조직에서 떠나는 일을 쉽게 결정하지 말았으면 하는 바람 때문이다. 조직에서 잘 버티고 융합될 수 있는 것도 충분히 사회복지사의 전문성이라고 생각한다.

문화 복지사로서의 바람

양극화가 사회의 가장 큰 문제라고 하지만, 사회는 사회복지사에게 의견을 묻지 않는다. 보편적 복지냐 선별적 복지냐에 대한 논쟁이 한참일 때도 미디어에서 사회복지사의 이야기가 나오는 것을 들어본 기억이 없다. 무엇이 문제이길래 사회는 복지 문제에 관해서도 사회복지사의 의견을 들으려 하지 않을까?

이제는 다양한 분야 사람들과의 대화와 연대를 통해 사회복지사의 영향력 확대를 고민해야 할 때라고 생각한다. 이를 위해서는 단지 사회복지사들끼리의 만남이 아니라, 다양한 명사와 전문가, 사회복지사가 함께 만날 수 있는 자리를 만들어야 한다. 타 영역과 자꾸 만나야 사회복지의 패러다임을 넓힐 수 있고,

전문성을 강화할 수 있기 때문이다.

문화 예술 관련 사업은 정확한 결과를 제시하기가 어렵다. 분명히 마을이 달라지고 사람들이 달라졌지만 이 결과를 단순한 성과 지표로 말하기 곤란하다. 따라서 나는 문화 복지 및 문화기획의 필요성을 알리고 성과를 제시하기 위해 과학적 지표를 만들고자 한다. 또 문화기획을 함에 있어서 제일 중요한 것은 창의력 개발이기에, 사회복지사들의 창의력을 개발하는 데 도움이 되고자 꾸준히 노력하고자 한다.

조금 더 욕심을 부려 보면 복지나 문화, 공익사업이 보조금에 의해 진행되면 연속성과 지속성을 보장받을 수 없기에 독립적인 예산을 마련하고 싶다. 문화 복지 발전을 위해 스스로 수익을 창출할 수 있는 프로젝트와 교육 프로그램을 개발하여 자주적으로 문화 복지를 실현하길 기대해 본다.

김태웅 사회복지 장사꾼

시설장으로 근무하다 비자발적 퇴사로 장사를 시작,
사회복지기관 전문 기념품 납품 및 관련 행정 서류 일체를
원스톱 서비스하며 500여 곳의 기관 및
관공서와 거래하는 사회복지사

#사회복지 장사꾼 #기념품 #단체복 #장사 #비자발적 퇴사 #기관장 출신

장사하는 사회복지사

사회복지 장사꾼

나는 사회복지 현장에 필요한 물품들을 납품하는 9년 차 '사회복지 장사꾼' 김태웅이다. 사회복지기관 장으로 일하던 45살 때 비자발적 퇴사로 사회복지 현장을 떠났다.

사회복지사라는 직업, 사회복지라는 영역을 고등학생 때 알게 되었다. 막연한 생각에 참 좋은 직업이라는 생각에 사회복지학과에 진학하여 내 인생에 가장 멋지고 즐겁고 아름다운 시절을 보냈다. 대학을 졸업하고 1996년 당시 산동네였던 동네를 누비며 밑

반찬을 배달하고 동네 어르신들을 만났다. 산동네 구석구석 배달하기 위해 자비로 스쿠터를 구입하여 밑반찬을 싣고 달리는 일선 현장의 선두에 서서 일하는 사회복지사였다. 눈이 오나 비가 오나 바람이 부나 현장에서 어르신들과 함께 살았다 해도 과언이 아니었다.

  2006년 첫 직장 생활을 마치고 노인보호전문기관의 개소 멤버가 되었다. 1년 남짓 열심히 학대로 어려움을 겪는 어르신들을 위해 애를 썼으나 풀리지 않는 부모와 자식 간의 갈등과 폭력을 보며 번아웃이 되었다. 사회복지사로 일하기 위해서는 예산과 회계를 다루는 총무 업무는 필수라는 생각에 2007년 종합사회복지관 총무과장으로 자리를 옮겼다. 나름 야심차게 각오하고 자리를 옮긴 후 얼마 되지 않아 불미스런 일로 법인이 변경되었고, 3년 동안 초보 총무과장으로 많은 고생을 했다. 총무과장으로 대한민국 사회복지 현장에서 받을 수 있는 모든 감사는 다 받아보았다. 한 번도 힘든데, 무려 3년간 각종 감사를 다 겪었으니 지금도 그 시간을 생각하면 머리가 지끈지끈하다. 모든 일을 수습하고 타 종합사회복지관 부장으로 1년간 근무 후 쉬는 기간을 가졌다. 실업 급여를 받으며 짧은 3개월 백수 생활을 하다가 청소년 쉼터 시설장으로 3년간 근무했다. 일선 사회복지사와 중간 관리자로 일하면서 답답했던 부분이 있었는데, 시설장이 되니 보다 새롭게 시도하며 재미있게 일할 수 있었다. 지금도 존경하는 최고의 상사를 만나 내가 원하는 방향으로 쉼터를 운영할 수 있었기에 가장 '사회복지사다운' 사업을 하면서 보냈다고 생각된다.

그동안 사회복지사를 천직이라고 생각했다. 마지막 근무했던 태화라는 조직의 문화가 좋았다. 이 청소년쉼터에서 정년까지 현장에 있을 것이라고 생각했다. 정말 단 한 번도 사회복지 일을 그만둘 것이라고는 생각하지도 않았는데 갑자기 퇴사를 하게 되었다. 사회복지를 그만두고 밖으로 나오니, 나이 45세에 내가 할 수 있는 일은 아무것도 없었다. 평생 사회복지만 아는 바보였다. 사회복지사 말고 다른 분야에 대해서는 관심도 없었기에 막막했다.

먹고살기 위해 온갖 일을 다 해 보았다. 가족들과 함께 경주빵 장사를 해 보았으나 결국 문을 닫았다.

블로그도 열심히 키워 보았지만 돈이 되지는 않았다. 부동산 갭 투자도, 주식 투자도, 코인 투자도 해 보았다. 이익을 본 적도 있지만, 마지막에 코인이 상장 폐지되는 경험도 해 보았다. 그러다가 마지막으로 선택한 일이 사회복지기관을 대상으로 단체복과 기념품, 판촉물 등을 거래하는 장사이다.

사회복지 장사꾼의 시작

2017년 10월 시작한 사회복지 장사꾼은 술자리에서 시작되었다. 사회복지사 선배가 "우리 노인 일자리 어르신들 조끼를 많이 제작하는데 그걸 업자한테 주느니 그냥 네가 회사 하나 차려서 팔아라. 너는 현장을 잘 알잖아"라는 말이 사회복지 장사꾼의 시작이 되었다. 월급쟁이를 관두고 나서는 뭐라도 해야만 한다는 그 절실함으로 매일 아침 일찍부터 동대문과 거래처를 찾아 누비고 다녔다.

나는 일선 사회복지사부터 기관장까지 근무하면서 현장의 어려움을 누구보다 잘 알고 있었다. 실무자들이 기관 로고가 들어간 기념품이나, 어르신 일자리 용품 등 물건을 구매할 때 물품 구매를 힘들어 하는 것을 모르는 바가 아니었다. 선정 소견서, 비교 견적서, 여성 기업 인증서, 나라 장터 구매 등 서류와 행정 절차만으로 얼마나 힘든지 누구보다 잘 알고 있었기에 그저 물건만 납품할 수 없었다. 그래서 물품 구매에 필요한 기본 서류를 작성해 함께 주면서 담당자들이 사회복지 본연의 업무에만 충실할 수 있도록 조력자 역할을 하고 있다. 복잡한 사회복지 재무 회계 규칙에 맞춰진 행정은 사회복지 실무자들에게 큰 업무적 부담을 느끼게 한다. 하지만 정부 예산과 후원금을 집행하는 사회복지기관에서는 반드시 필요한 필수 활동이기에 외부인이지만 내가 대신 행정 처리를 해 줌으로써 실무자들의 부담을 덜어주고 있다. 사회복지사로서 나의 1차 고객은 사회복지 현장 실무자이고, 2차 고객은 납품한 물건을 받아 활용하는 클라이언트이다. 사회복지 현장 실무자에게는 행정 업무 부담을 줄이고, 클라이언트에게는 같은 가격 대비 질 좋은 제품을 납품함으로써 원원하도록 돕고 있다.

물론 그간 사회복지 현장에서 닳고 닳은 그 경험들과 SNS를 통해 다져 왔던 네트워킹과 인프라가 장사하는 데 엄청난 도움이 된 것은 더 말할 필요도 없다. 사회복지 현장에서 실무 감각과 총무팀장 업무로 익힌 깔끔한 행정 서비스와 SNS 소통은 영업에 필수 조건이었다. 그 덕분에 지금은 사회복지기관에 전문화·특성화된 사회복지사 장사꾼이라는 틀을 나름대로 잡아갈 수 있었다. 장사를 하면서도 사회복지사라는 생각은 사라지지 않았고, 그게 서서히 녹아들며 어느새 8년 차, 500여 기관의 단골이 생기는 결과를 낳았다.

　"어떻게 '사회복지'에 '장사'라는 말을 붙일 수가 있냐고" 불편하게 생각하는 사람이 있다면, 내가 왜 그냥 장사꾼이 아니라 사회복지사인지 당당하게 말할 수 있다. 나는 "기념품과 판촉물을 받으시는 분들이 제대로 대접받는다는 마음을 가질 수 있도록 이윤보다는 좋은 제품을 준비한다. 실무자들이 물건 하나 구매하는 데 행정 처리의 에너지를 쏟지 말고 본연의 업무에 충실하게끔 돕는다"는 원칙과 마음으로 일하고 있다. 장사꾼이라면 제품보다 이윤이 먼저이고, 행정 업무는 가능한 최소한만 할 것이다. 하지만 나는 사회복지사이기에 다르다. 사회복지 현장에서 경험했던 노하우를 바탕으로 사회복지에 첫발을 내민 노인 일자리 실무자 선생님들과 기관 사정에 맞게 맞춤 행정 서비스를 지원하고 있다. 어떻게 하면 우리가 건넨 물건을 받으시는 분들이 만족하실까 끊임없는 고민과 노력으로, '장사'로 '사회복지'를 하고 있다.

사회복지 장사꾼의 클라이언트

사회복지사 장사꾼의 클라이언트는 누구일까? 사회복지 현장에 아무렇지 않게 불리는, 아니 쉽게 표현하는 '클라이언트'는 너무 협의적인 개념으로 생각하는 경우가 있다. 네이버 사전적 의미를 보면 클라이언트(Client)는 전문가의 서비스를 받는 의뢰인이라고 나와 있다. 하지만 현장에서는 도움이나 상담을 원하는 내담자로 불리는 경우가 많은데, 넓은 의미에서 나는 고객이 더 부합하다고 생각한다. 즉, 장사를 하는 나에게는 사회복지기관, 실무자, 그것을 이용하는 대상자 모두가 고객인 것이다.

현장에서 근무하던 시절에도 복지관을 이용하시는 재가 어르신들이 서비스를 받을 때 고개는 숙이지 마시고 당당하시라고 말씀드렸다. 젊은 시절 국가에서 원하는 국민의 5대 의무를 다하셨으면 여생은 국가에서 당연히 도움을 받을 수 있는 권리가 있는 한 사람으로서 저에게 고개 숙이지 마시라고 했던 사회복지사 초년병 시절의 당당함이 이 글을 쓰면서도 기억되는 것은 그만큼 나에게는 소중하고 아름다운 시간이 아니었는가 싶다. 사회복지기관과 관공서를 대상으로만 장사를 하는 입장에서 어떤 물건이든 이걸 사용하는 분들의 입장에서 물건을 고르고 정성을 다했던 시간들은 내가 사회복지사 장사꾼으로 이 일을 지금까지 유지하고 이어갈 수 있는 이유일 것이다.

사회복지로 장사하기 위한
나의 원칙

❶ 사회복지기관에 특화된 틈새시장을 노려야 한다.

▸ 사회복지사 출신이고, 사회복지기관만 거래한다는 점만으로는 특화될 수 없다. 우선 행정 처리에 문제가 없도록 사업자 등록을 했다. 일부 기관에서 여성 기업 인증과 나라 장터 등록이 필요하다 하여 여성 기업 승인과 나라 장터 등록에 성공했다.

▸ 기관에서 원하는 대로, 최대한 기관 사정에 맞춰 서비스한다. 빠른 커뮤니케이션, 깔끔한 업무 처리를 위해 해당 프로그램(일러스트 등)을 배워서 필요시 바로 로고를 제작하고, 견적 전에 제품 장단점에 대한 전문적인 지식을 사전에 공유한다.

▸ 선배 사회복지사로 현장 사정을 아는 장점을 최대한 활용해서, 초보 사회복지사에게라도 필요한 절차나 행정 서류 등을 미리 준비해서 알려 준다. 즉, 말하지 않아도 물품 구입비 청구 관련 서류를 일체 준비해서 담당자의 업무 처리를 돕는다.

❷ 장사꾼보다 사회복지사로서 의미를 찾자.

▸ 이익보다 좋은 제품이어야 한다. 물건은 꼭 실물을 확인하고 사용해 본다. 싼 제품이 아니라, 받는 사람 입장에서 좋은 제품을 판매하자.

▸ 소량이라도 최대한 정성을 다하자. 100원의 이익이 1,000원이 되고 1,000원의 이익이 10,000원이 되는 장사의 프로세스를 잊지 말자.

▸ 한 번 맺은 인연은 지속해서 이어질 수 있게 하되, 그것이 부담감이 가지 않도록 최선을 다하자. 사회복지사들이 이직한 기관에서 나를 찾고, 기존 거래하던 기관에 새로운 담당자가 오더라도 나를 계속 찾도록 만들자.

❸ 체면을 버려라.

▸ 고개를 한 번 숙이면 돈이 된다는 장사꾼의 원칙을 잊지 말자. 기관장이나 관리자와 친분이 있다고 하더라도 절대 실무자가 우선이다. 기관장이 아니라 실무자가 나의 고객이다.

▸ 지금 하는 장사의 과정을 적절히 홍보하자. SNS를 많이 보는 시간대는 오전 6시에서 8시, 저녁 18시에서 20시 그리고 23시 이후다. 모든 홍보는 타이밍이다.

▸ 지금까지 매출 과정에 대한 자부심을 갖자. 나 스스로 나를 인정하는 모습. 다만 그것이 허세나 교만함으로 비쳐지는 모습은 최대한 지양하자.

사회복지 장사꾼의 장사 실제 사례

지난 8년간 장사하며 진행되었던 몇 개의 사례를 통해 위에 나열한 원칙들이 어떻게 적용되었는지 알아보자.

첫 번째, 모든 자영업자가 힘들던 코로나 시기. 코로나 이전에는 물건만 납품하면 됐다. 기관에서 직원들이나 자원봉사자들이 포장을 해서 클라이언트에게 물품을 배부했다. 하지만 코로나 시기에는 자원봉사자가 없고, 직원들도 비대면으로 업무 처리를 해야 하는 상황이었다. 따라서 코로나 키트 세트를 직접 포장하고 기관이나 관공서에 맞게 작업해서 납품을 했다. 기관의 상황을 이해하고 품목 선택, 구매, 키트 세트 제작, 포장, 배송까지 원스톱으로 처리하면서 많은 호응을 받았고 매출 신장에도 도움이 됐다. 사회복지에 특화하여 최대한 기관별 상황에 맞춰 서비스한다는 원칙이 지켜졌다.

두 번째, 항상 물건을 팔 때 이 물품이 좋은지 어떤지 일단 거래처에 문의해서 물품을 직접 샘플로 받아보고 사용해 본다. 예를 들면 키트 상품으로 들어가는 레토르트 식품이나 먹거리들은 직접 집에서 먹어 보고 가장 괜찮은 제품으로 담았다. 노인 일자리 물품으로 어르신들에게 쓰이는 여름, 겨울 용품들 또한 사용해 보고 가격 대비 성능이 좋은 것으로 추천하고 피드백으로 확인을 한지 수년, 그러다 보니 이제는 내가 먼저 추천을 하면 실무자들이 거의 수용을 한다. 매년 바뀌는 노인 일자리 실무자들도 물품 구입에 대한 부담을 많이 줄이는 기회가 됐다.

세 번째, 20여 년 가까이 사회복지 현장에 있다 보니 아는 기관장들과 동료들의 추천으로 실무자들에게서 연락이 오는 경우가 많다. 사실 이런 경우 많이 부담이 된다. 조금만 소홀하면 소개해 준 고마운 분을 욕먹게 하는 것이고, 당연히 실질적인 실무자들도 놓치게 되는 최악의 경우가 발생되는 상황인지라 철저하게 실무자들과의 소통에 더 신경썼다. 나보다 사회복지 후배이지만, 실무자는 나의 클라이언트라는 마음으로 실무자와의 관계에 최선을 다했고 지금까지 잘못된 경우는 없었다.

장사할 때 가장 중요한 것은 다들 초심을 잃지 말라고 하는데 정말 그 말이 맞다. 나 역시 처음 아무것도 모르고 납품처를 찾아 돌아다니며 좌충우돌하는 그 순수함과 열정을 잊지 않고 있다. 8년을 하니 이제 어느 정도 익숙해졌지만 그 익숙함이 안일함으로 넘어가지 않도록 경계심을 놓지 않고 있다. 현재 전국 500여 기관이 넘는 고객처는 최대의 수확이자 소중한 결과물이다. 얼마나 감사한 일인가.

중년에 닥친 냉혹한 현실

이쯤에서 사회복지 장사꾼의 지난 8년간 수입은 어떠했고, 어느 정도 벌었는지 궁금하지 않겠는가? 비자발적인 퇴사를 한 2015년부터 2년간 수입이 전혀 없었다. 퍼스널 브랜딩을 만들고 퇴사를 한 것이 아니고, 비자발적 퇴사 후 시작하였기에 그럴 것이다. 하지만 2017년 10월 본격적인 장사를 시작한 후 점점 궤도에 오르면서, 나의 마지막 연봉보다 더 많은 수익을 내고 있다. 있다. 연평균 6~10억 사이의 매출에서 각종 세금 및 경비를 제하면 약 20% 내외가 이윤이다. 물론 잘될 때도 있고 어려울 때도 존재한다. 나의 마지막 연봉이었던 20년 차 기관장 월급만큼 벌려면 월 매출이 4~5천만 원이 나와야 가능하다. 결코 쉬운 것은 아니다. 나의 주요 고객들이 보조금으로 운영되는 사회복지기관인 만큼, 10월부터 다음 해 1월까지 연간 매출의 60%가 발생한다. 나머지 40%는 대통령, 시장, 구청장 등 관련 정책 결정자들의 결정과 사회 이슈에 따라 매년 사업 변동이 크다.

아무튼 이것 하나는 명확하다. 월급쟁이 생활을 벗어나게 되면 월급쟁이의 생활이 얼마나 행복했는지 동경하는 마음과 다시는 그 생활로 돌아가기 싫다는 양가감정이 든다. 하지만 나처럼 40대에 비자발적 퇴사를 해서 온갖 고생을 하지 않으려면 현직에 있을 때 꼭 나만의 퍼스널 브랜딩을 준비하라고 말하고 싶다.

중년에 비자발적으로 맞닥뜨리는 퇴사에 대해 생각해 본 적이 있는가? 주변에 지금 내 또래의 최고 중간 관리자급들의 퇴사를 심심치 않게 본다. 물론 이직을 하거나 다른 일을 하는 경우도 있겠지만 그냥 한순간에 직장을 잃게 되는 중년들이 의외로 많다. 그런 일들이 일어나지 않고 정년까지 사회복지를 위해 일하고 명예롭게 정년퇴직을 한다면 얼마나 행복하겠는가? 하지만 세상일이라는 게 어디 본인이 원하는 대로만 흘러가겠는가!

　중년에 직장이 없는 삶? 경험해 보지 않으면 그게 어떤 것인지 모른다. 뉴스나 드라마, 영화에서 나오는 그 이야기들이 본인에게 닥친다면? 이런 생각을 중년의 사회복지 현장에 있는 이들이 고민해 볼 필요는 분명히 있다. 내 앞에 펼쳐진 사회복지가 언제나 당신 앞에 펼쳐져 있지 않을 수도 있다. 우물 안에서는 그 우물이 세상의 전부인 줄 안다. 하지만 우물 밖을 나오면 냉혹한 현실을 알게 된다. 사회복지사이기 이전에 월급쟁이의 삶, 그게 전부였는데 그게 사라진다면 30대까지야 또 다른 현장과 목표를 위해 전진하기 위해 새로운 시작을 할 수 있다지만 40대 중후반, 50대에 현장에서 어느 정도 이룬 이들은 이야기가 전혀 다르다. 기관을 그만두고 실업 급여를 받으며 3개월 지냈던 시절이 있었다. 그때 "사회복지 조직에서 살아남는 법"이라는 에세이를 페이스북과 네이버 블로그에 100여 회 연재하며 울분을 토했다. 그 글을 쓴 지 10년이 넘었지만 사회복지 조직에 대한 문제점들은 개선되지 않았고, 그때나 지금이나 사회복지 현장은 별다른 게 없어 보인다는 것이 안타깝다.

이 책의 저자들처럼 현직에서 퍼스널 브랜딩을 만들거나, 프리랜서 선언을 하고 떠나는 선후배들을 바라보며 막연한 동경을 하는 현장 실무자들도 있을 것이고, 지금 있는 자리에 만족하며 지내는 이들도 있을 것이다. 각자 처한 환경에 따라 다르겠지만 중요한 것은 별다른 준비 없이 업무만 해서는 안 된다는 것이다. 언제나 나와 함께 있을 것 같던 사회복지 현장이 사라지게 될 때, 조직을 나와서 아무도 찾지 않고 아무것도 할 수 없는 자기 자신의 모습을 바라보게 되면 거기서 오는 절망감과 무력감은 상상을 초월한다.

사회복지사의 최대 장점이자 단점은 사회복지를 천직으로 여긴다는 것이다. 그러니 사회복지 말고 자기 계발을 위한 다른 투자를 소홀히 하거나 생각하지 않는다는 점이다. 그냥 사회복지를 하는 게 좋고 거기서 얻는 에너지를 소중한 자산으로 생각하며 만족하며 살아가는 삶 이상을 생각하지 않는 것이란 뜻이다. 물론 그러지 않고 자신과 가족들의 미래를 위해 준비하고 차근차근 그 과정을 훌륭하게 밟아가는 이들도 있겠지만 그게 쉬운가? 갈수록 각박해지는 사회복지 현장에서 살아남기 위해 발버둥치는 것도 벅차 죽겠는데 말이다.

20여 년 가까이 직장 생활을 했지만, 남은 건 아파트 대출금 1억과 중간 정산 후 남은 퇴직금 1,000만 원 남짓이었다. 물론 아내가 일을 하고 있었으니 최소한의 기본적인 생활을 못한 건 아니지만 퇴직금은 다달이 기본적으로 빠져나가는 돈만 계산해도 몇 개월을 못 버틸 것이었다. 지금은 웃으며 이야기하지만 아내가 준 용돈 10만 원을 하나도 안 쓰고 지갑에 2~3개월 동안 그냥 가지고만 있었을 정도로 돈을 하나도 안 쓰고 살았던 시절도 있었다. 편의점에서 빵하나 먹고 싶었는데, 주머니에 있던 천 원짜리 한 장과 집 안을 뒤져 찾은 동전을 모아 빵을 먹으며 눈물 흘린 적도 있었다. 사회복지사로 그래도 자부심 충만했던 내가, 시설장까지 했던 내가 왜 이렇게 되었는지 한탄하며 빵을 먹었던 적도 있다.

아침에 출근할 기관이 있다는 건 행복

2000년대 후반부터로 기억되는데 내가 속해 있던 법인 산하 시설을 기준으로 기관장의 연령대가 낮아지면서 40대 기관장, 30대 후반 기관장이 탄생하기도 했다. 기관장 정년을 65세로 본다면 길게는 30년이란 시간을 기관장으로 버텨내야 한다는 이야기다. 물론 지금도 그 역할을 감당하며 현장에 계신 분들도 많다. 이것은 정말 대단하며 최고의 능력이다. 물론 그리 오랜 시간 버티기 위해 얼마나 힘들겠냐만 그만한 노력 없이 얻어지는 결과가 있겠는가 말이다. 비꼬는 것이 아니라 진짜로 힘든 일이다. 지금의 20~30대 현장 실무자들이야 내가 하는 이야기가 그리 와닿지 않겠지만 40대 중반, 50대를 바라본다면 부디 한 번은 자기 주변을 꼭 돌아보라고 하고 싶다. 아직 현장에 있는 사회복지사로서 지금 얼마나 행복한 것인지 말해주고 싶다. 아침에 출근할 곳, 갈 곳이 있다는 것, 매달 25일 정해진 급여가 들어온다는 것은 정말 행운이다.

그렇다면 나에게 닥칠지 모르는 그 상황에 어떤 준비를 해야 하는가? 그건 나도 모른다. 지금 내 앞길도 미생으로 개척해 나가고 있다. 하지만 여러분보다 먼저 비자발적 퇴사를 경험한 사람으로서 세 가지를 말해두고 싶다.

첫째, 언제든 사회복지 일을 그만두게 될 수 있다. 짤릴 수도, 법인이 사라질 수도, 직원들과의 관계가 잘못돼서, 갑자기 몸이 아파서 나가야 할 수도 있다. 일을 그만둘 상황은 수백 가지 경우의 수가 있다. 그런 상황이 4~50대에 당신에게 생기지 말라는 법은 없다. 사회복지를 그만두는 일이 나에게도 생길 수 있다는 마음의 준비를 하라는 뜻이다. 내가 45세에 사회복지를 떠나 50대에 접어든 현시점에서 한 가지 이야기할 수 있는 것은 그나마 젊은 시절에 다른 일을 시작할 수 있었다는 점이 참 다행이라는 것이다. 50대인 지금 비자발적 퇴사를 했다면 아마 이렇게 자리잡지 못했을 것이다. 물론 이 길이 쉽지 않았다. 하지만 50대에 사회복지 현장을 떠난 주변 사람들과 선배들을 보면 그나마 한참 일할 수 있었던 40대 중반에 시작하게 된 것이 불행 중 다행이라고 생각한다.

둘째, 가장 중요한 포인트이자 가장 하고 싶은 말 중 하나는 월급쟁이 생활을 하면서 노후 준비를 위한 각양각색의 투자 공부를 하라는 것이다. 월급쟁이 생활을 그만두게 됐을 때 나의 노후는 어떻게 관리할 수 있을까? 정년까지의 수입과 지출을 간단히 정리해 보면 답이 금방 나온다. 20년이 넘은 사회복지사 부부는 연봉이 그래도 1억이 넘는 경우가 많다. 하지만 그대로 통장에 남는 것이 없다. 참 아니러니하고 이해하지 못할 상황이 당신에게도 발생할 게다. 효과적이고 효율적인 노후 준비를 지금부터 바로 시작해야 한다. 나와 가족들의 통장, 대출 상황, 특히 마이너스 통장 현황을 보고 현실을 직시할 필요가 있다. 월급쟁이들이 돈을 모으지 못하는 것은 다른 이유가 아니다. 매달 25일 월급이 찍히니 어떻게든 되겠지 하는 안일함이 든다. 직장을 옮기면서 받는 퇴직금 중간 정산으로 결국에 퇴직할 때 나처럼 손에 쥐는 것은 아무것도 없는 상황이 발생할 수도 있다.

셋째, SNS에 보이는 프리랜서 사회복지사의 삶에 대한 막연한 동경으로 흔들리지 말자. 이 책을 함께 쓴 공저자들의 이야기를 읽어 봐서 알겠지만, 이분들이 지금의 자리에 오기까지 얼마나 힘든 상황을 헤쳐나왔는지는 모르는 것이다. 사회복지 현장을 그만두면 저들처럼 나도 뭐하나 하겠지 같은 막연한 생각은 섣부른 생각이다. 1주일에 100시간을 일할 각오로 일하고 공부하고 야근하며 처절하게 노력하고 있다. 최소 3년 이상 퍼스널 브랜딩을 고민하고 만들고 전문가로 이름이 나기 위해 준비한 사람들이다. 손 놓고 있으면 나처럼 편의점에서 빵 하나 사면서도 눈물 흘리며 고민하는 순간이 올 수도 있다. 그래서 가능한 오래오래 현장에서 일하라고 부탁하고 싶다. 아직 현장에 있는 사람이라면 이 일을 가능한 오래하기 위해서라도 퍼스널 브랜딩을 꼭 만들라고 말하고 싶다. 현직의 직책은 절대 퍼스널 브랜딩이 아니다. 교수나 기관장 출신에게 주어지는 동료의 전관예우는 만 1년이 끝이다. 만 1년이 지나면 아무도 찾지 않는다. 시간이 지나도, 전문가인 내가 필요해서 다시 찾도록 꼭 현직에 있을 때부터 퍼스널 브랜딩을 해야 한다.

사회복지 장사꾼의 소망

사회복지 장사를 시작하면서도 어려움이 많았지만 지금은 그냥 이 일이 유지되면 감사하겠다는 생각뿐이다. 사회복지사로 사회복지 현장에서 그리고 지금은 사회복지기관과의 관계성으로 그 끈을 놓지 않고 유지해 나가는 것 자체에 감사하며 살고 앞으로도 그러고 싶다. 그래서 사회복지 행사 촬영으로 사회복지 현장에 재능 기부를 하고 있고, 바자회 물품 기부도 한다. 사회복지 영역에서 사회복지기관을 대상으로 장사하는 여러 영역이 있기는 하지만 나처럼 판촉물, 단체복, 특히 노인 일자리와 노인 돌봄 사업에 특화된 사회복지 장사꾼은 없다. 그만큼 장사의 틈새를 노려서 노력했고 어떤 상황이든 기관 중심적으로 거래가 이루어질 수 있도록 최선을 다했다. 그 노력의 결과물로 어느 정도 사회복지사 장사꾼이라는 이미지, 나름의 가치와 브랜드로 믿고 찾아주는 단골 기관들도 많아졌음에 감사한다. 지금처럼 1,000여 개의 이상의 사회복지기관 및 관공서와 거래를 함으로써 브랜드를 확장해 가려고 한다.

지금까지 장사해 오면서 잊지 않았던 두 가지 철칙은 앞으로도 함께하길 기도한다.

"절실함으로 안 되는 것은 없다. 안 하는 것일 뿐."

"생각하기 전에 일단 실행해 보라."

또 하나의 꿈을 말해보자면, 앞으로 '김태웅 사회복지 펀드'를 만들어 보고 싶다. 기관장 간섭 없이 실무자 스스로 예산을 집행하며 사업을 해 나갈 수 있도록 지원하는 일을 내 이름으로 진행하고 싶은 욕심이 있다. 앞으로도 사회복지 현장에서 사회복지 발전을 위해 후배들과 함께 호흡하며 끝까지 가고 싶다.

4부

협업

사회복지사

영리와 비영리를 넘나드는
퍼스널 브랜딩을 만든 사회복지사 2인의 이야기

이창신 복지만화가

27년 차 현직 사회복지사로 장애인 거주시설 원장으로 근무 중,
'만화키즈'에서 복지만화가가 되다.
23년 차 사회복지만화가 '복만이'로
여러 신문과 잡지에 사회복지만화 연재 중

#복지만화가 #사회복지 만화공작소 #복만이 #월간 이창신 #만화키즈 #복지만평

만화 그리는 사회복지사

복만이, 복지만화가 이창신

나는 국내 1호 만화 그리는 사회복지사 이창신이다. 27년째 현직 사회복지사로 근무하면서, 23년째 원고료를 받고 만화를 연재하고 있으니 만화가라고도 할 수 있다. SNS로 처음 나를 알게 된 사람들 중에는 내가 전업 만화가인 줄 아는 사람도 있다. 하지만 나는 어디까지나 '본캐'가 사회복지사이고 '부캐'가 만화가이다. 나에게는 만화를 그리는 작업이 곧 복지를 실천하는 과정이다. 복지만화가로서 내가 그리는 만화의 내용은 사회복지사로서 살아온 나의 삶과 깊은 연관이 있다.

대학에서 사회복지를 공부할 때 나의 주된 관심은 장애인, 청소년, 지역 사회, 자원봉사 등이었다. 이러한 관심으로 나의 실습지와 첫 직장은 청소년 복지 분야였다. 복지관으로 이직해서는 자원봉사와 지역 복지를 주로 맡았으며, 현재 근무하는 법인에 입사한 후에는 장애인 복지 분야에서 근무했다. 나의 관심사가 나의 주된 경력이 된 셈이다. 이러한 경험들이 모두 자양분이 되어 내 만화의 주된 소재가 되었으니 내가 그린 만화의 내용들이 나의 삶을 표현하고 있다 해도 과언이 아니다. 나는 지금도 내가 생각하는 복지를 실천하기 위해 만화를 그리고 있다.

좋아하면 사랑하게 된다고 하던가? 나는 어릴 적부터 만화를 좋아했다. 어찌 보면 놀거리가 많지 않던 시절 나를 상상과 모험의 세계로 안내한 것이 만화였는지도 모른다. 처음 만화책을 접한 건 형들 덕분이다. 형들이 빌려온 만화를 다 보고 나면 반납하기 전에 나도 볼 수 있었다. 나는 어려서부터 그림 그리는 것을 좋아했다. 하지만 그림 실력이 뛰어난 편은 아니었다. 학창 시절 그 흔한 사생 대회에서 입상한 경험이 한 번도 없다. 미술 학원에 다녀본 적도 없고, 만화를 제대로 배워본 적도 없으니 그저 내가 좋아서 그리는 수준이었다. 그림을 좋아하다 보니 그림을 보는 것도 즐기게 되었다. 미술 시간도 재미있었다. 학교에 들어가고 용돈이 생기면서 만화방에 자주 다녔다. 나의 만화 사랑은 그칠 줄 몰랐다. 학창 시절엔 친구들이 오락실에 다닐 때 나는 만화방을 다녔고, 대학생이 되어서는 친구들이 당구장을 다닐 때 나는 만화방을 드나들었다. 직장인이 되어 동료들이 책을 살 때 나는 만화책을 구입했다. 지금은 웹툰을 즐겨 보고 있고, 미술관이나 전시회에 가면 그냥 기분이 좋은 걸 보니 나의 만화 사랑은 지금도 계속되고 있다.

처음 만화를 그리게 된 것은 대학생 때이다. 수업 중 그룹별로 과제를 수행하고 발표하는 시간이 있었다. 컴퓨터도 없던 시절 대부분의 친구들은 타자기와 손으로 쓴 유인물을 나눠주고 발표자는 유인물을 읽었다. 그런데 그 시간이 그렇게 지루할 수 없었다. 우리 그룹의 발표는 내가 담당하게 되었는데, 나는 커다란 전지에 발표할 내용들을 요약하고 그림을 그려 넣었다. 그 그림을 궤도에 걸고 전지를 넘겨 가며 발표했다. 지금으로 말하면 PPT를 만들어 프리젠테이션을 한 것이다. 이 발표를 계기로 나는 일약 유명 인사가 되었다. 친구들의 압도적인 지지로 과대표로 당선되었고 만화를 잘 그린다는 소문이 퍼졌다. 학과 편집부에서 소식지에 만평을 그려 달라는 부탁을 받고 처음 연재라는 걸 시작했다. 이후 학보에서도 만화 요청이 들어왔고, 연극부에서 대형 걸개그림을 공동으로 작업하기도 했다.

복지만화가로 살아남기

학창 시절 소식지에 만화를 연재했던 경험은 취업 후 기관 소식지에 만평을 연재하는 활동으로 이어졌다. 만화를 잘 그린다는 소식에 원고 청탁이 들어온 것이다. 소식지와 더불어 내가 살고 있는 지역 신문에도 연재한 경험이 있다. 지역 신문은 월 1회 발간이었고, 소식지들은 대개 분기별로 발행하니 크게 무리가 가는 일은 아니었다. 그러던 중 사회복지 현장에서 만 5년을 근무하고 나서 번아웃이 왔다. 육아를 빌미로 사표를 내고 집에서 쉬고 있을 때였다.

한국사회복지사협회에서 《복지사회 2000》이라는

월간지를 창간하면서 만화를 연재해 달라는 요청이 왔다. 퇴직하고 일자리는 끊겼지만 만화 그리는 일이 들어온 것이다. 그때 나는 백수였기에 자연스레 친구를 만나러 나가기도 힘들어졌고 사람들을 만나면 나를 소개하기 어려웠다. 자꾸만 주눅이 들었다. 자존심을 세우기 위한 돌파구가 필요했다. 아무런 직함이 없었으며, 매달 받는 만화 연재료가 나의 유일한 수입원이었다. 복지와 관련한 만화를 그리니 나 스스로 '복지만화가'라고 부르기 시작했다. 우리나라에 처음으로 복지만화가가 탄생하는 순간이었다. 국내 1호 복지만화가란 타이틀은 이렇게 우연한 일로 탄생했다.

한국사회복지사협회가 발간한 소식지 《복지사회 2000》은 현재 《소셜워커》로 이름이 바뀌었으며, 나는 지금도 이 잡지에 만평을 연재하고 있다. 그동안 한국사회복지사협회를 비롯하여 충북사회복지신문, 경기사회복지신문, 청소년상담실 소식지, 고양신문, 21세기신문, 서울시사회복지협의회 소식지, 파라다이스복지재단 소식지, 홀트소식, 오마이뉴스, 웰페어뉴스 등 크고 작은 여러 기관에 연재를 해 왔다. 20년 넘게 꾸준히 만화를 연재해 오고 있으니 전업 만화가는 아니더라도 만화가라 불리기에는 충분할 것이다. 이렇게 만화는 내가 좋아하는 것에서 나의 일이 되었다. 그리고 나를 버티게 해 주는 힘이 되었다.

처음 복지만화를 그리게 된 이유는 '재미있어서'였다. 만화의 소재는 정말 다양하다. 어린이 만화, 성인 만화, 순정 만화 등 독자에 따라 나눌 수도 있고 스포츠 만화, 전쟁 만화, 무협 만화, 공상과학 만화 등 종류별로도 나눌 수 있다. 스포츠 만화라 하더라도 종목에 따라 야구 만화, 권투 만화, 농구 만화 등 수없이 분류할 수 있다. 그래서 나는 복지 관련 이슈도 만화로 그리면 참 재미있겠다고 생각했다. 그리고 내가 그 일을 제일 잘할 수 있을 것 같아 시도했다.

일단 시작하고 나니 잘해 보고 싶다는 욕구가 솟아났다. 프로 만화가는 아니더라도 어설픈 만화가가 되긴 싫었다. 그래서 만화의 퀄리티를 높이기 위해 꾸준히 노력했다. 만화를 더 제대로 공부하는 방법은 없을까 고민하던 중 '출판만화창작학교' 과정이 있다는 소식을 들었다. 만화에 관심이 있는 성인들을 위한 강좌였다. 나도 곧바로 그 강좌를 수강하여 낮에는 직장에, 밤에는 만화학교에 다니며 6개월 과정을 수료했다. 문화 강좌 수준이었지만 만화에 대한 나의 갈증을 해소할 수 있는 시간이었다.

만화학교에서도 그림을 가르쳐 주는 시간은 그리 많지 않았다. 그림 실력을 키우는 가장 확실한 방법은 그저 계속 그리는 것이다. 실력은 습작 시간에 비례하여 성장하기 마련이다. 만화학교에서 강조하던 것은 '어떤 콘텐츠를 만들 것인가'였다. 그림 실력은 분명 중요하지만 잘 그린 만화가 반드시 좋은 만화가 되는 것은 아니었다. 오히려 그림은 조금 미숙하더라도 스토리가 탄탄한 만화가 더 사랑받을 수 있었다. 좋은 스토리가 받쳐주지 않으면 그림 실력이 아무리 훌륭하더라도 그저 멋진 그림에 불과할 뿐 결코 좋은 만화가 될 수 없다. 그래서 그림 실력과 함께 반드시 스토리를 만드는 힘을 길러야 했다.

부족함이 경쟁력이다

만화가로서 나는 부족함이 많다. 그림 실력이 부족하다는 것을 알기에 끊임없이 연습하고 습작을 계속하고 있다. 만화 아이디어가 떠오르지 않을 때도 있다. 초반에는 아이디어가 생각날 때마다 만화를 그렸다. 어떤 날은 하루에도 몇 개의 아이디어가 떠오르기도 하고 어떤 때는 한 달이 넘도록 아무런 아이디어가 떠오르지 않아 고민한 적도 있었다. 그렇게 20년 넘게 연재하다 보니 이제는 나만의 노하우가 생겼다. 아이디어가 떠오르지 않으면 어떤 주제를 정해 놓고 스토리를 만들어 내는 능력이 생긴 것이다. 이제는 마감 때까지 아이디어가 떠오르지 않으면 그냥 만들어 낸다. 시사 만화가들이 매일 만평을 그리듯 나도 매일 만평을 그릴 수 있는 경지에 오른 것이다. 나에게 이런 능력이 생긴 이유는 20년 동안 꾸준히 만화를 그려 왔기 때문이다. 매일 그리지는 않았지만 긴 세월 동안 매월 정기적으로 창작 활동을 하다 보니 스토리를 만들어 낼 수 있는 수준이 된 것이다. 그림 실력과 마찬가지로 스토리를 만들어 내는 능력 또한 꾸준한 습작에 그 비결이 있다.

일과 만화를 병행하기는 생각보다 어렵다. 복지만화가로 활동을 시작한 후 지금까지 부업 수준의 활동만 하고 있다. 말이 부업이지 돈이 되는 취미 수준으로 보는 것이 더 정확할 것이다. 앞에서도 언급했듯이 내가 복지만화가로 활동하는 이유는 투잡을 뛰기 위해서가 아니라 내가 좋아하는 활동으로 복지를 실천하고 싶어서였다. 그래서 본업에 부담이 가지 않도록 만화는 월 1회 정도만 창작하였으며 그 수준은 지금까지 유지하고 있다.

복지만화는 예나 지금이나 미개척 분야에 속한다. 일단 사회복지 현장에서 만화에 대한 수요 자체가 워낙 낮다. 반면 복지에 대해서는 전문적인 정보가 필요하다 보니 일반 만화가들에게는 접근하기 쉽지 않고 돈도 되지 않는다. 즉 시장성이 아주 낮은 분야이다. 한편 사회복지사들은 대부분 만화를 그릴 줄 모른다. 아니 복지를 만화로 표현하려고 생각한 사람조차 없었다. 사정이 이러하니 복지만화는 나에게 블루오션이나 마찬가지였다. 경쟁자 없이 내가 혼자 독점 공급하고 있으니 말이다. 복지만화에 대한 낮은 인지도와 시장성이 나에게는 가장 강력한 경쟁력이 된 셈이다. 그래서일까 나는 아직까지도 유일한 복지만화가로 활동하고 있다. 하지만 언젠가 만화가들 중에서도 복지에 관심을 가지는 작가들이 나타날 것이다. 그때는 많은 사회복지사들이 작가에게 아이디어도 제공하고 스토리 작업에도 참여했으면 좋겠다. 탄탄한 스토리가 좋은 만화를 만들듯, 좋은 스토리는 현장의 다양한 목소리가 반영될 때 나올 수 있다. 일본에서는 장애인, 요양 보호사 등이 주인공으로 나오는 만화가 출판되어 큰 인기를 끌기도 했다. 그 만화들이 성공한 비결은 작가가 수없이 많은 장애인과 요양 보호사들을 만나 직접 인터뷰하고 이를 기반으로 탄탄한 스토리를 만들어 냈기 때문이었다.

복지만화가의 클라이언트는 누구인가?

내가 그리는 복지만화는 대중성이 높은 작품은 아니다. 하지만 복지라는 주제가 선명하기 때문에 핵심 독자층도 그만큼 분명해진다. 복지만화가로서 클라이언트는 동료 사회복지사와 일반 시민으로 나눌 수 있다. 핵심 독자층은 동료 사회복지사들이다. 만화의 내용도 주로 복지 이슈를 다루고 있고 독자층도 사회복지사를 가장 염두에 두고 그린다. 따라서 사회복지사들이 제일 잘 이해하고 공감하곤 한다. 만화를 그릴 때도 기왕이면 사회복지사들의 속마음을 시원하게 긁어줄 수 있는 만화가 되었으면 하는 바람으로 작업하곤 한다.

사회복지사들이 핵심 독자층이라면, 시민들은 일반 독자라 볼 수 있다. 시민들에게는 복지를 쉽고 재미있게 알리는 게 제일 큰 목적이다. 그래서 복지 문제를 다루면서도 일반 시민들이 봐도 쉽게 이해할 수 있는 수준으로 그리려고 애쓰고 있다. 복지의 문제가 결코 사회복지사들만의 문제가 아니듯 복지에 대한 정보가 시민들에게 제대로 전달되는 것은 매우 중요하다. 나는 만화라는 소재를 통해 일반 시민들에게 정확한 정보를 전달하기도 하고 유머와 위트를 섞어 비판하기도 한다. 일반 시민들에게 널리 알리기 위해 일반 온라인 신문사에 시민 기자로 등록하여 만평 코너에 연재도 하였다.

내가 원고료를 받고 연재하는 곳은 사회복지 신문과 협회 소식지이다. 이런 곳의 독자는 신문과 잡지를 구독하는 사람들로 한정되어 있다. 그래서 연재 후에는 내 블로그에 주제별로 만화를 업데이트하고 있다. 블로그에 올린 만화는 페이스북 등 SNS를 활용하여 널리 알리고 있다. 인쇄 매체는 구독자나 지역에 제한이 있지만 소셜 네트워크는 지역과 시간에 구애받지 않는다. 전국적인 영향력을 갖고 있어 유통하

는 데 더 유리하다. 또 복지만화가인 내 작품을 좋아
해 주는 팬층은 나의 SNS에서 만날 수 있다. SNS 이
웃은 동료이자 독자이자 사회복지 관계자들이다.

내가 그린 만화를 유통하는 데 있어 지적 재산권
을 행사하진 않는다. 출처만 밝히고 누구나 사용할
수 있도록 하고 있다. 좀더 많은 사람들이 볼 수 있
도록 하기 위함이다. 만화의 생명력은 지적 재산권
에 있는 것이 아니라 널리 전파되는 데 있다. 10년 전
에 그린 만화가 지금도 여러 사람에게 읽히고 있다
면, 그 만화는 지금도 살아있는 것이다. 퍼가는 사람
이 많을수록 내 만화는 가치 있는 셈이다. 그러니 지
적 재산권에 묶어둘 이유가 전혀 없다.

복지만화가로 장수할 수 있었던 비결

내가 복지만화가로 20년 넘게 장수할 수 있던 비
결은 아이러니하게도 전업 작가가 아니었기 때문이
다. 나는 현직에서 근무를 하고 있는 27년 차 사회
복지사이다. 만화로 밥벌이를 하지 않아도 되니 부
담 없이 하고 싶은 만큼만 할 수 있었다. 만화 창작에
대한 자유도 확실히 보장되었다. 만화 내용에 대해

부당하게 간섭하면 연재를 안 하면 그만이었다. 매달 돌아오는 마감일만 제외하면 크게 스트레스를 받지 않고 작업할 수 있었다. 결국 내 의지가 가장 중요했다. 전업 작가가 아니다 보니 만화 창작은 평균 월 1회 정도로만 작업하였다. 더 많이 연재할 수도 있지만 만화를 그리는 목적이 수입을 늘리는 것이 아니라 복지를 실천하는 데 있기에, 업무에 지장을 주지 않는 선에서 조절하였다.

청소년 수련관에 근무할 때 우리나라 처음으로 '청소년 문화의 집'을 시범으로 운영하게 되었다. 시범 사업은 1년 후 좋은 평가를 받았고, 문화관광부에서는 전국에 150여 개의 청소년 문화의 집을 만들겠다고 발표하였다. 그러자 전국에서 연락이 오기 시작했다. 청소년 문화의 집을 운영하고 싶은 기관들이 앞다투어 견학을 신청했다. 당시 나는 제1호 청소년 문화의 집을 운영한 팀장이었고 견학을 희망하는 사람들은 다 나를 찾아왔다. 그런데 내가 퇴사를 하고 나자 더 이상 나를 찾는 사람이 없었다. 사람들은 문화의 집 운영자를 찾는 것이었지 이창신 사회복지사를 찾은 게 아니었다. 내가 그 직위를 내려놓는 순간, 나는 더 이상 사람들이 찾는 팀장이 아니었다. 많은 사람들이 직위와 자신을 동일시하곤 하지만, 직위는 자신이 그 자리에 있을 때에만 유효하다.

그런데 복지만화가라는 타이틀은 내 개인 브랜드이다. 개인 브랜드는 늘 나를 따라다닌다. 직함은 기관을 따라다니지만 개인 브랜드는 나를 따라다닌다. 내가 이직을 해도, 휴직을 해도, 실직을 해도 '복만이'라는 캐릭터는 언제나 나를 의미한다. 이것이 개인 브랜드가 갖고 있는 가장 강력한 힘이다. 개인 브랜드가 있다는 것은 그 분야에 전문성을 갖고 있다는 뜻이기도 하다. 앞에서 언급했듯이 나는 국내 1호 복지만화가이다. 즉 이 분야에서 내가 최고라는 뜻이다.

한동안 직장을 옮기고 직위가 없는 사회복지사로 오래 근무했을 때였다. 모임에 나가면 내 직함을 가지고는 어디다 명함을 내밀기 힘들었다. 그러나 복지만화가라고 소개하는 순간 나는 그 분야의 최고 전문가 대접을 받았다. 어딜 가든 각 분야의 최고들과 어깨를 나란히 할 수 있는 자격을 갖춘 셈이다. 비정기적 활동을 하고 있는 개인 브랜드가 직장의 직함보다 더 높은 대접을 받은 것이다. 이런 현상은 비록 나쁜

만이 아니라 앞으로 여러 분야에서 생겨날 수 있다. 내가 복지만화가로 활동한 지 20여 년이 넘었지만, 아직까지 2호 복지만화가가 나오지 않았다. 그러니 지금도 내가 우리나라 유일무이한 복지만화가인 셈이다. 복지만화 영역은 아직도 블루오션이다.

재미있고 유익한 퍼스널 브랜드 갖기

직장에 소속된 직원에게 인지도 높은 개인 브랜드가 있다면 기관에도 도움이 될까? 물론이다. 사람들은 대개 어떤 사람을 보고 그 사람이 속한 기관을 판단하는 경향이 있다. 따라서 높은 인지도의 브랜드를 갖고 있다면 그 사람을 통해서 그 기관도 같이 거론될 것이다. 자연스럽게 기관이 홍보되는 효과가 있으니 마다할 이유가 없다.

나의 경우 복지만화가라고 소개할 때마다 내가 근무하는 기관도 같이 소개된다. 사람들은 나를 보고 내가 속한 기관을 평가한다. 나에 대해 좋은 감정을 갖고 있으면 우리 기관도 좋게 본다. 사람들에겐 내가 곧 기관인 셈이다. 따라서 내가 속한 기관을 욕 먹이지 않으려면 행동도 더 조심해야 한다. 직원들도 주위에 나를 소개할 때 기관장이 아닌, 만화 그리는 사회복지사라고 소개하곤 한다. 남에게 소개한다는 것은 그만큼 자랑스럽게 보기 때문일 것이다. 개인적으로 우리 직원들이 나를 조금이나마 자랑스럽게 생각한다면 이보다 더 고마운 일은 없을 것이다.

지금은 브랜드 시대이다. 자신만의 브랜드가 점차 중요해지고 있다. 브랜드라는 말이 너무 어렵다면, 그 자리에 특기나 장점이라는 말을 넣어도 좋다. 자신이나 자신의 전문성을 나타낼 수 있는 장점이 있다면 그것이 곧 퍼스널 브랜딩의 출발점이 될 수 있다.

만화로 일상생활 속에 시도해 볼 수 있는 것들

일상에서 만화를 활용해서 다양한 작업을 시도해 볼 수 있다. 재미나 취미 수준이어도 충분하다. 그림을 활용하는 것만으로도 우뇌를 발달시키고 창의력을 높여줄 것이다. 다음은 내가 만화적 표현이 담긴 그림을 활용해서 시도해 본 것들이다. 이 중에서 재미있는 것이 있다면 따라해 보자. 단, 너무 잘하려고 하지 마라. 못 그려도 된다. 그저 재미있게 시작하는 걸 추천한다.

첫째, 일기나 독서 기록장, 여행 후기를 그림으로 그린다. 어릴 적 누구나 그림일기를 그려본 적 있을 것이다. 그림일기는 어린이만의 전유물이 아니다. 일기는 나의 하루를 성찰하는 데 의의가 있다. 성찰할 수 있다면 표현 방식은 글이나 그림이나 상관없다. 그러나 기왕이면 글과 그림으로 일기를 그려보자. 그 뜻이 더욱 명료해진다. 재미는 덤이다. 책을 읽고 중요한 내용이나 소감을 그림으로 정리해서 그려보자. 책을 나의 것으로 만드는 데 이만한 것도 없다. 아무리 좋은 여행도 기록이 없으면 기억도 사라진다. 그래서 사진도 열심히 찍고 여행기도 쓰곤 한다. 이왕 쓸 거 글과 그림으로 기록해 보자. 기억이 더 오래가고 볼 때마다 그 때의 기억이 생생하게 떠오를 것이다.

둘째, 일상에서 소소하게 그림을 그려 넣는다. 나는 낙서 같은 그림을 일상생활 중에 많이 활용하고 있다. 이모티콘처럼 파일 표지를 만들기도 한다. 최근에는 연하장이나 생일 축하 카드를 글과 그림으로 만들어 발송했다. 받는 사람들이 무척 좋아한다. 물론 매번 따로 만드는 게 아니라 하나를 만들어 복사해서 사용한다.

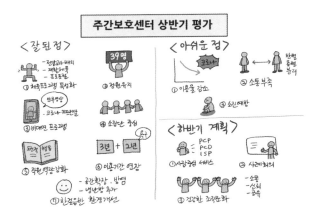

셋째, 업무용 글을 그림으로 정리해 본다. 사업기획, 행사계획, 평가 등을 글과 그림으로 정리하면 가독성도 뛰어나고 핵심이 더 잘 드러난다. 위 그림은 주간보호센터에 있을 때 상반기 평가를 그린 것이다. 이때 가능하면 한 페이지로 요약해서 한눈에 보이도록 간결하게 그리는 것이 중요하다.

복지만화가의 만화 제작 과정

복지만화가를 꿈꾸는 사회복지사들에게 도움을 주고자 만화를 제작하는 과정을 공개한다. 만화 제작 과정을 배우는 것은 하나의 프로그램을 기획하는 과정과 흡사하다. 따라서 이를 잘 연습하면 프로그램 기획이나 새로운 아이디어를 위해 창의적인 발상을 하는 데 큰 도움이 될 것이다. 좋은 만화는 하나의 완벽한 스토리를 가진다. 따라서 만화가 만들어지는 과정을 이해하는 것은 기획이 어떻게 이루어지는지 이해하는 데 좋은 자료가 된다. 여기서는 내가 만화를 완성하기까지 어떠한 과정을 거치는지, 만화를 제작 과정을 간단하게 소개하겠다. 요약하면 다음 순서와 같다.

복지만화가의 기획 노트 팁

① 어떤 주제로 그릴 것인지? 최근 이슈는 무엇인지 주제를 정한다.

② 관련된 기사, 사건, 이미지, 기록, 연관 검색어 등 가능한 다양한 자료를 취합한다.

③ 모은 자료 중 공통점이나 핵심, 이슈 등에서 중심 소재를 찾는다.

④ 중심 소재를 기반으로 콘티를 작성하면서 스토리를 구상한다.

⑤ 비유, 왜곡, 강조 등으로 만화만의 독특한 표현력을 발휘한다.

⑥ 주제에 맞춰 임팩트 있는 제목을 짓는다.

⑦ 만화로 그려 낸다.

⑧ 신문에 연재하거나 블로그나 SNS에 공유하여 널리 알린다.

이러한 작업은 10분 안에도 가능하다. 물론 처음부터 모두가 이렇게 할 수 있는 것은 아니다. 나도 처음에는 오랜 시간이 걸렸고, 때로는 아이디어가 떠오르지 않아 몇 개월 동안 고민한 적도 있다. 하지만 지금은 꾸준한 연습 결과 몇 시간 안에 주어진 주제로 하나의 콘티를 작성할 정도의 경지에 올랐다. 이런 작업 과정을 연습하면 누구나 하나의 기획, 혹은 하나의 스토리텔링을 완성할 수 있을 것이다.

복지만화가의 기획 노트 적용 예시

1. 주제 정하기: 과거 기초 수급 선정과 관련하여 부양 의무제가 강화되었을 때였다. 이 제도는 가난의 책임을 가족에게 떠넘기는 큰 문제점을 가지고 있었다. 그래서 이 문제를 어떻게든 만화로 알려서 문제점을 고발하고 싶었다.

2. 자료 모으기: 인터넷을 이용하여 관련한 기사와 자료를 수집하였다.

3. 중심 소재 찾기: 부양 의무제로 수급자에서 탈락하게 된 분들의 상황이 가장 심각했다. 그래서 이를 중심 소재로 삼았다.

4. 스토리 구상: 스토리를 구상할 때는 여러 아이디어를 만들어 보고, 다양한 방법으로 각색해 보는 것이 필요하다. 부양 의무제로 인해 수급자에서 탈락한 분들이 자살했다는 뉴스가 가장 가슴이 아팠다. 그래서 수급자에게 탈락은 죽음이나 마찬가지라는 내용으로 여러 가지 콘티를 작성해 보았다.

5. 상상력과 창의력: 스토리를 구상하는 단계까지는 연습만 하면 무난하게 만들 수 있다. 하지만 만화가 만화다우려면 재미가 있어야 한다. 만화만의 표현력과 상상력이 가미되어야 한다. 좌뇌와 우뇌가 상호 작용하여 창의력이 발휘되어야 한다. 부양 의무제를 어떻게 그릴까 상상하다 보니 순간 군인들이 고공낙하 훈련을 할 때 부모나 애인의 이름을 부르고 떨어지는 장면이 생각났다. 수급자는 떨어지는 사람으로 정부는 조교로 표현하면 효과가 더 극대화될 것 같았다.

6. 네이밍: 제목을 가장 핵심적인 '탈락'이라 지었다.

7. 만화 그리기: 만화 그리기는 그림을 잘 그릴수록 좋지만 잘 그리는 사람만이 할 수 있는 것은

아니다. 그림 실력보다는 표현력이 더 중요하다. 자신만의 그림체로 느낌을 잘 표현할 수 있는 수준이면 된다. 첫 번째 컷은 조교가 등장해서 가족이 있는지 묻고, 두 번째 컷은 낙하하는 모습으로 그림을 그리고 대사를 적었다.

8. 연재하기: 만평으로 완성하고 연재를 하였다.

그럼 완성된 만화를 감상하자.

어떤가? 만화가 만들어지는 과정을 알고 나서 만화를 감상하니 느낌이 달라지지 않는가? 글도 자신만의 문체가 있고, 그림에도 작가만의 독특한 화풍이 있듯이 기획에도 자신만의 색깔이 묻어나는 것이 좋은 기획안일 것이다. 물론 처음부터 개성 넘치는 기획안을 쓰기란 어려울 것이다. 처음엔 누구나 다른 사람의 기획서들을 참고한다. 하지만 어느 수준이 되면 자신만의 개성 넘치는 기획안을 작성할 줄 알아야 한다. 사회복지 현장에 그런 개성이 넘치는 기획안이 많았으면 좋겠다.

지금 그동안 연재한 복지만화를 묶어서 책으로 내려고 준비하고 있다. 22년간 그린 만화가 너무 많아서 어디서부터 어떻게 넣어서 책으로 묶어 낼지 행복한 고민을 하고 있다. 지금 당장은 힘들 수도 있지만 책으로 정식 발간을 하고 싶은 소망이 있다. 올해 벌써 27년 차 사회복지사이고, 5년 후면 나는 사회복지사로서 정년퇴직을 한다. 퇴직 후에는 본격적으로 복지만화가로 활동을 넓힐 계획이다. 아직 구체적으로 생각해 보지는 않았지만 사회복지사들이 글과 그림을 활용하여 상상력과 창의력을 발휘할 수 있도록 지원하고 싶다. 복지만화가로서 연재 횟수를 늘리고 매체도 늘려볼 생각이다. 국내 1호 복지만화가로서 앞으로 더 많은 복지만화가가 나오길 기대해 본다.

전안나 작가

소진을 이겨내기 위해 책을 읽다가 책을 쓰는 작가로,
6년간 작가 사회복지사를 겸직하다, 현재는 프리랜서로
글쓰기와 책 쓰기로 사회복지하는 사회복지사

#작가 사회복지사 #베스트셀러 작가 #책 쓰기 #글쓰기 #사회복지 행정

글 쓰는 베스트셀러 작가
사회복지사

작가 사회복지사 전안나

나는 책으로 글로 사람을 돕는, 베스트셀러 작가 사회복지사 1호 전안나이다. 사회복지사로 근무를 하다가 만 10년 차에 소진을 경험하면서 '나의 전문성은 무엇일까? 전문가로 퍼스널 브랜딩을 어떻게 할 수 있을까?' 고민을 하다가 2017년 책을 내면서 작가 사회복지사가 되었다.

나는 사회복지사 이전에 클라이언트였다. 친부모가 누구인지 모른 채 보육원에서 살다가 입양이 되었는데, 입양된 집에서 극심한 아동 학대를 당했다. 언어폭력, 정서 폭력, 신체 폭력에 시달렸고 성인이 된 다음에는 경제적인 학대도 이어졌다. 나는 이런 어린 시절에 대한 보상으로 아동 청소년 복지, 가족 복지에 관심을 가지게 되었고, 사회복지사·가정 폭력 전문 상담원·아동 인권 강사가 되었다.

대학 졸업 후 대학에서 운영하던 복지관에 취업이 되었고 19년을 한 기관에서 근무했다. 업무 시작 후 5년이 지난 시점에 첫 번째 딜레마가 찾아왔다. 사회복지 업무를 하다 보니 내가 관심 있는 영역과 잘할 수 있는 영역이 다르다는 것을 깨닫게 되었다. 가장 관심이 있는 분야는 아동 청소년 복지와 가족 복지였지만, 내가 잘할 수 있는 분야는 사회복지 행정이었다. '내가 좋아하는 것을 할까? 아니면 잘할 수 있는 것을 할까?' 고민을 하다가 돈을 받고 하는 일은 성과가 좋아야 하며 그것이 내가 사회복지사로서 가져야 하는 책무성이라는 생각이 들었다. 만 5년 차, 좋아하는 것보다는 내가 잘할 수 있고 성과를 낼 수 있는 사회복지 행정을 전문 영역으로 정하였다. 보직을 바꿔 사회복지 행정 업무를 하면서 '나의 클라이언트는 누구인가'라는 두 번째 딜레마가 찾아왔다. 예산·

회계·인사·서무 업무를 하고, 총괄 행정 업무를 하다 보면 하루 종일 만나는 것은 컴퓨터와 문서밖에 없다. 그런데 명함에는 분명히 '사회복지사 전안나'라고 쓰여 있었다. '나의 클라이언트는 누구일까? 내가 하는 일은 누구에게 가장 도움이 되는 것일까?' 생각해 보니 1차는 사회복지사, 2차는 그 사회복지사를 통해 만나는 지역 주민이었다. 그때부터 '나의 클라이언트는 사회복지사이다. 나는 사회복지사를 돕는 사회복지사이다'라는 마음으로 사회복지사를 지원하기 위한 활동을 시작하였다. 예비 사회복지사를 위한 실습생 매뉴얼, 신입 직원 업무 매뉴얼을 만들고, 직원 행정 업무 매뉴얼을 만들어서 우리 기관 직원들에게 배부하고 전달하는 교육을 했다.

2004년 처음 사회복지사로 업무를 할 때 "꼭 10년 동안 일을 해서 전문가가 되자"라는 말을 마음에 품고 시작했다. '전문가'라는 단어가 얼마나 매력적이던지! 꼭 10년간 일을 해서 전문가가 되리라는 마음으로 일 중독자처럼 일했다. 나는 엑셀로 태교를 했다는 말을 하고 다녔다. 복지관 평가와 재위탁이 있던 2009년 첫째를, 2012년 둘째를 계획 임신했다.

2009년 복지관 평가와 재위탁을 끝내고 12월에 첫째를 출산했고, 2012년 복지관 평가와 재위탁을 끝내고 10월에 둘째를 출산했다. 평가와 재위탁을 끝내고 출산 휴가를 가야 공백 없이 다음 평가와 재위탁을 준비할 수 있겠다고 생각해서 일부러 평가와 재위탁 시점에 생애 주기를 맞추었다. 산전후 휴가 후 바로 복직을 했고, 아이들을 둘 다 생후 100일도 되기 전에 어린이집에 보냈다.

조직의 성과 vs. 개인의 성과

일 중독자처럼 일을 하다 보니 어느새 만 10년이 되었다. '아, 이제는 내가 전문가가 되었을까?' 하고 돌아보았지만 내가 전문가란 생각이 들지 않았다. 전국의 10년 차 사회복지사들과 비교했을 때 나는 어떤 전문가인가? 전국의 10년 차 직장인들과 비교했을 때 나는 무엇을 잘하는가? 전 세계의 10년 차 직업인들과 비교했을 때 나는 무엇에 특출한가? 이러한 질문에 제대로 대답을 할 수 없었다.

조직에서 일하는 개인의 성과는 무엇으로 측정할 수 있을까? 나는 신입 직원 때부터 기관에서 우수 직원상을 받았다. 3년 차부터 1년에 6번씩 제안서를 썼다. 많은 제안서가 선정되었고 우수 사업으로 상장도 받았고 우수 사례 발표자로 연단에도 섰다. 3년 차에 팀장이 되었고 5년 차에 과장으로 초고속 승진을 했다. 여러 번의 재위탁과 복지관 평가도 부서 책임자와 총괄 책임자로 무사히 받았지만, 정작 '전안나'라는 내 이름으로 남는 것은 월급 말고는 아무것도 없었다. 조직에서 개인의 모든 성과는 기관의 이름으로만 남을 뿐, 그것을 수행한 사람이 누구인지는 중요하지 않았다. '지난 10년이 아무것도 아니었다는 허무함! 단지 돈을 벌기 위한 직업이었다면 사회복지사 말고 더 쉬운 일이 있었을 텐데 나는 무엇을 위해 10년을 바쳤는가?'라는 질문 앞에서 고갈이 찾아왔다.

만 10년 차 일 중독자의 결과는 '소진'이었다. 밤에 잠이 오지 않는 불면증이 찾아왔고 입맛이 없어서 하루 한 끼만 겨우 먹었다. 탈모가 생겼고, 몸무게가 10킬로그램 가까이 빠졌다. 3년에 한 번씩 해야 하는 재위탁과 기관장의 근로 계약 체결, 타 기관의 재위탁 불발 소식, 기관장의 해고 소식은 정규직인 나를 계약직 같다는 생각이 들게 했다. 기관의 최고 책임자가 3년마다 근로 계약을 체결하고, 정규직임에도 법인이 바뀌면서 많은 직원들이 퇴사한다는 소식을 들으며 미래의 내 모습이 그려지지 않았다.

소진에 한참 빠져 있던 해 11월경 다음 연도 직원 교육 사업 계획서를 쓰기 위해 HR 교육을 신청했다. 강의 중 "2천 권의 책을 읽으면 머리가 트인다"라는 말을 듣고 하루 한 권 책 읽기를 시작하게 되었다. 업무 소진과 두 아이 양육이라는 인생의 숙제에서 내가 할 수 있는 일은 책 속으로 숨는 것뿐이었다. 잠이 오지 않는 매일 밤 책 속에서 길을 찾았다. 그렇게 헤매던 어느 날 "전문가는 소진이 오지 않는다"라는 문구를 만나게 되었다. 아, 그렇다! 내가 소진이 온 이유는 바로 '전문가가 아니어서'였다. 그저 일을 열심히 했다고 전문가가 아니었다. 경력이 많다고 전문가가 아니었다. 직급이 높다고 전문가가 아니었다. 일 중독자가 전문가가 아니었던 것이다. 전문가는 사람들에게 한 분야의 브랜드로 '인식'되어야만 했다.

퍼스널 브랜딩은 내가 가지고 있는 역량 중 다른 사람보다 최초이거나 최고이거나 차별화되는 역량을 중심으로 전략적으로 구성하는 것이 필요하다는 것을 알게 되었다. 사회복지사로서 나의 장점과 단점을 쭉 적어 보았다. 나의 단점은 한 기관에서만 19년 동안 근무해서 다양한 현장 경험이 부족하다는 것이다. 클라이언트를 직접 만나는 사회복지 실무 경험보다 사회복지 행정 경험이 더 많다는 것 또한 단점이다. 여러 종류의 상담 자격증이 있고 업무 경험도 있지만 개인 성향에 맞지 않았고, 어릴 적 트라우마 때문에 장애인과 노인복지 실천에서는 심리적인 어려움이 있었다. 그에 반해 사회복지사로서 나의 강점은 한 기관에서만 근무했지만 부설 기관인 가정 폭력 전문 상담소 개소 멤버였고 지역 아동 센터 설립과 운영을 해 본 경험이 있다는 것, 총무부터 총괄 행정까지 사회복지 행정 경험이 풍부하다는 것이었다. 팀장부터 부장까지 다양한 중간 관리자 역할을 경험해 본 것도 나의 강점이었다.

나의 역량 중 나의 퍼스널 브랜딩이 될 수 있는 것은 바로 '사회복지 행정'이었다. 비매품이지만 여러 차례 대학 실습 매뉴얼과 학회 사례 자료 작성과 재단 우수 사례 집필진으로 참여해 본 경험이 있었다. 기관 내부 강사이지만 실습 지도와 신입 직원 교육,

직원 행정 실무 교육 강의를 해 본 경험이 있었다. 그렇게 사회복지 행정을 나의 퍼스널 브랜딩 분야로 설정했다.

전문가가 되기 위해 강의를 시작하다

'어떻게 하면 내가 전문가로 사람들에게 기억될 수 있을까? 어떻게 하면 퍼스널 브랜딩을 만들 수 있을까?' 고민하다가 내가 한 분야에 강의를 할 정도, 혹은 한 분야에 책을 쓸 정도의 지식이 있다면 사람들이 나를 전문가로 인정하겠다는 생각이 들었다.

강의를 하거나 작가가 되기 앞서 공무원들의 겸직 규정을 찾아보았다. 공무원 규정을 보니 책을 쓰거나 강의를 하는 것은 창작 활동으로 기관의 겸직 승인을 받으면 가능했다. 근무 시간 이외에 책을 쓰거나 강의를 하는 것은 개인 사생활의 영역이므로 본업에 부정적인 영향을 끼치지 않으면 가능하다는 고용 노동부의 지침도 찾아보았다. 교육 공무원의 경우 교육 관련 유튜버도 겸직이 가능하다는 지침을 찾아본 후 기관에 근무 시간 외나 휴가를 활용해서 책을 쓰고, 보수 교육 강의를 하고 싶다고 말씀을 드렸고 기관장의 승인을 받았다.

전문가가 되기 위해 강의를 하기로 결심했지만, 강의를 하는 것은 두려웠다. 두려움을 없애기 위해 공부를 했다. 사회복지계의 다양한 강사 양성 과정 교육을 받았다. 복지재단 강사 양성 과정·사회복지사 보수교육 강사 양성 과정·협의회 인권 강사 교육 등을 이수했다. 상공 회의소·내일 배움 카드로 일반인 대상 PPT 제작 교육과 발성법 강의도 수강했다. 보수교육 강사 자격을 찾아보니 1급 취득 후 현장 경험 7년 이상 재직자면 가능하다는 것을 알게 되어 강사를 신청했다. 강사 양성 과정에서 공통적으로 말하는 것은 많은 경험이었다. 최소한 100번 이상 강의를 해 봐야 한다고 해서 무료라도 아무리 적은 금액의 강사료일지라도 기회가 되면 강의를 하러 다녔다.

강의에서 다양한 수강생을 만났다. 강의 시작부터 끝까지 이어폰을 끼고 있는 분도 있고, 시작부터 눈 감고 팔짱 끼고 잠을 청하는 분, 나는 시간을 때우러 왔으니 너도 시간만 채우고 가라는 식의 수강생과 주최 측도 만나 보았다. 문화 센터에서 단 3명을 놓고 강의를 해 본 적도 있고, 강당에 모인 중학생 900명을 대상으로 강의를 한 적도 있다. 군대에 가서 장병 200명 앞에서 강의를 한 적도 있고, 교회에서 임직자 1,200명을 놓고 강의를 한 적도 있다. 수강생 엄마와 함께 온 6개월 아기의 울음과 함께 강의를 한 적도 있고, 중소기업 연말 송년회에 뷔페를 먹는 사람들을 앞에 두고 강의를 한 적도 있다. 산전수전 공중전을 겪으며 2016년 첫 강의를 시작한 후 지난 9년간 1,000여 회 강의를 하게 되었다.

전문가가 되기 위해 책을 쓰다

전문가가 되기 위해서 꼭 책을 써야겠다고 결심했다. 처음부터 나의 목표는 상업 출판이었다. 내 돈으로 책을 내는 자비 출판이나, 신경을 많이 써야 하는 독립 출판은 하고 싶지 않았다. 많은 사람에게 읽히는 책, 출판사에서 사람들이 많이 읽으리라 믿고 기꺼이 투자를 해 줄 수 있는 좋은 책을 써야겠다고 생각했다. 책을 쓰기로 결심하고 기관장과 남편에게 책을 쓰고 싶다고 말했더니 남편은 비웃었다. 책을 몇 권 읽었다고 책을 쓰면 누가 못 쓰냐며 핀잔을 줘서 남편이 잘 때 몰래 책을 썼다. 기관장은 흔쾌히 책을 쓰라고 말했지만, 6개월 뒤 출간된 책을 들고 나타나자 깜짝 놀란 표정을 지었다. 진짜 쓸 줄 몰랐다는 반응이었다.

책을 쓴 후에도 사람들의 반응은 모두 호의적이지 않았다. 출간을 놀라워하며 진심으로 축하해 주고 책을 여러 권 사서 주변에 선물해 주는 사람도 있었지만 그렇지 않은 사람들이 더 많았다. 책 내는 데 돈이 얼마나 들었냐면서 돈만 있으면 다 쓰는 거 아니냐는 식으로 비아냥거리는 사람들도 만났다. 자비 출판이 아니고 출판사에서 돈을 받고 상업 출판을 했다고 하니 쓱 딴청을 하면서 말을 돌렸다.

7권의 책을 낼 때마다 기관 직원들에게 커피를 사고 밥을 샀다. 내가 사는 커피와 밥을 먹으면서도 말로만 축하하고 책을 한 권도 사지 않는 동료도 보았다. 본인은 책을 한 권도 못 썼으면서 책을 매년 한 권씩 내지 말고 모았다가 좀 더 잘 써서 한 번에 내라며 내 책이 별로라는 식으로 조언을 하는 선배 사회복지사도 있었다. 그렇게 비아냥거렸던 사람 중에 아직까지 책을 낸 사람이 없다는 것은 무엇을 의미할까? 사람들은 내가 할 수 없는 일을 하는 사람을 질투하고 시기한다.

여러분이 어느 한 분야의 전문가로 퍼스널 브랜딩을 하면 분명히 발생하고 훼방 놓는 사람들이 있을 것이다. 그렇지만 옛말에도 있지 않는가? 구더기 무서워서 장 못 담글 일은 없으니, 걱정하지 말고 하고 싶은 일, 계획한 일을 하자. 그렇게 시기 질투하는 사람들은 평생 가도 절대로 못 만든다. 그 사람들은 당신을 수용할 만한 그릇이 안 되는 사람이고, 당신이 더 큰 그릇을 가진 사람인 것이다.

계약 해지를 당하다

첫 책이 대형 출판사와 계약하게 되어 발매 3개월 만에 1만 권이 판매되었고, 그 다음해가 되자 2만 권이 판매되었다. 1년간 출판된 책 중 상위 1% 안에 드는 베스트셀러가 된 것이다. 그렇지만 첫 책을 내고 나서 다음 책을 내기까지는 어려움이 있었다. 책을 한 권 내는 것도 어렵지만, 두 번째 책을 내는 것은 또 다른 차원의 일이다. 퍼스널 브랜딩을 지속하기 위해서는 상업 출판으로 1년에 1권씩 책을 계속 출판해야 했다. 책은 1권 단위로 개별 계약을 하기 때문에, 책을 한 번 냈다고 다음 책을 낸다는 보장은 없다.

그동안 7권의 책을 냈지만 순탄한 적은 없었다. 첫 책을 쓰고 나서 두 번째 원고를 출판사에 보냈지만 아무 곳에서도 연락이 오지 않았다. 내가 쓴 글이 무엇이 문제인지 알 수가 없어서 전문 편집자에게 일대일 첨삭을 받아 원고를 다시 써서 겨우 두 번째 책을 낼 수 있었다. 출판 계약을 했는데 최종 원고를 보더니 별로라고 계약 해지를 당한 적도 두 번이나 있었다. 또 계약을 한 출판사가 폐업을 해서 문을 닫거나, 담당자가 인수인계 없이 퇴사해서 낙동강 오리알이 된 적도 있다. 나와 내 원고를 폭탄처럼 대하던 편집자를 지금도 잊을 수가 없다. 사실 지금도 다음 책을 또 낼 수 있을까 걱정과 고민이 많다.

퍼스널 브랜딩을 만들기 위한 투자

대기업에는 R&D라는 연구 개발 부서가 있다. 사회복지사가 전문가가 되기 위해서는 나 스스로의 연구 개발에 투자를 해야 한다. 첫 번째는 수입의 투자, 두 번째는 시간의 투자이다.

나는 명품에 관심이 없다. 주식이나 부동산도 잘

모른다. 내가 하는 가장 확실한 투자는 바로 나에게 하는 투자이다. 수입의 10%는 나를 위한 투자로 사용한다. 1년에 책을 250권 이상 구입하고, 한 달에 400만 원짜리 강의도 들어 보았다. 사회복지학 석사, 목회학 석사, MBA, 사회복지학 박사 공부를 하면서 나에게 교육비를 투자했다.

만약 경제적 어려움으로 수입 투자가 어렵다면 그래도 꼭 해야 하는 투자는 '시간'의 투자이다. 우리 모두는 공평하게 하루에 24시간을 갖고 있다. 사회복지사로 근무를 하면서 책을 쓰고 강의를 하고, 대학원을 다니면서, 양가 도움 없이 맞벌이로 아이를 키운다고 하면 다들 놀랜다. "업무 때문에 전문성을 쌓을 시간이 없다, 퍼스널 브랜딩을 만들 시간이 없다, 책을 읽을 시간이 없다, 책을 쓸 시간이 없다"라고 하지만, 나는 시간은 우선순위의 문제라고 생각한다. 퍼스널 브랜딩을 만들기까지 6년간 나는 매일 12시간씩 365일을 사회복지사로 작가로, 강사로 활약했다. 퇴근 이후 저녁 시간, 휴가, 공휴일을 모두 투자해서 일주일에 100시간을 일했다. 나는 정말로 퍼스널 브랜딩에 진심이었다.

퍼스널 브랜딩의 전문 영역을 정하고 나면, 최소

3년에서 5년 퍼스널 브랜딩을 만들고, 확산하고, 발전시켜야 한다. 퍼스널 브랜딩을 위해서는 '검색'되는 사람이 되어야 한다는 점에 충실히 따랐다. 네이버에 인물 등록을 했고, 여러 언론사의 취재에 적극적으로 참여했다. 연차 휴가를 내고 KBS 아침마당, EBS 다큐프라임 촬영도 참여했다. 퇴근 후 많은 유튜브에도 재능 기부로 기꺼이 참여했다. 주말마다 다양한 매체에 칼럼을 썼다. 다양한 SNS 운영이 퍼스널 브랜딩에 필수라고 해서 페이스북 마케터, 구글 애널리틱스 교육도 받았고, 네이버 인플루언서가 되었다. 블로그 외에도 페이스북·인스타그램·네이버 카페·카카오톡 채널도 운영했다. 재능 기부도 하고, 후원을 하고, 네트워킹 활동 등을 통해 퍼스널 브랜딩을 발전시켜 갔다.

퍼스널 브랜딩에 대한 이야기를 하다 보면 "기관에서 잘 지원해 줘서 된 거 아니야?"라는 말을 자주 듣는다. 그러면 "내가 근무했던 기관은 좋은 기관이다"라고 말한다. 좋은 기관이었기 때문에 19년 동안 이직 없이 근무할 수 있었다. 1년에 30만 원 교육비를 지원해 줬고, 60시간 외부 교육을 근무 시간 중 가도록 독려했다. 처음 책을 쓴다고 했을 때 강사와 작가로 겸직을 승인해 준 멋진 기관이다. 그리고 첫 책에 추천사도 기꺼이 써 주고 타 복지관에 우리 직원이 책을 냈다며 자랑스러워해 준 멋진 기관장 덕분에 지금의 내가 있을 수 있었다. 하지만 내가 근무했던 기관의 사회복지사 중에 작가 사회복지사로, 전국구 사회복지사로 퍼스널 브랜딩을 만든 사람은 없다. 결국 기관의 분위기도 중요하지만 개개인의 노력이 필수라는 뜻이다.

나의 클라이언트는 누구인가?

현직에서 근무할 때는 지역 복지관에서 지역 복지를 했다면, 지금은 전국이 사회복지 실천 현장이다. 첫 번째로 제일 많이 만나는 클라이언트는 사회복지사이다. 주로 업무용 글쓰기에 어려움을 갖는 1~5년차 사회복지사, 글쓰기 슈퍼비전 주는 것을 힘들어하는 사회복지사, 예비 사회복지사를 만나고 있다. 또 내가 근무했던 종합사회복지관뿐 아니라, 생활 시설과 이용 시설, 학교 사회복지사, 정신건강 사회복지사, 재활 상담사, 치료사, 요양 보호사 등 다양한 사회복지 종사자를 만나고 있다.

『쉽게 배워 바로 쓰는 사회복지 글쓰기』 책을 집필하면서 출판사에 대학 교재 사이즈로 제작해 달라고 요청드렸다. 나의 첫 업무 경험을 돌이켜보면, 예비 사회복지사가 현장 글쓰기를 배우고 오면 사회복지 실천에 더 집중해서 업무를 할 수 있을 것이고, 업무 어려움을 덜어줄 수 있을 것이라 생각했다. 이 책이 예비 사회복지사를 위해 대학교 교재로 사용되고, 강의를 직접 할 수 있으면 더욱 좋겠다고 생각했다. 실제로 현재 몇몇 대학교에서 사회복지 행정 수업의 부교재로 사용되고 있고, 나도 대학에서 외래 강사로 예비 사회복지사들을 만나고 있다.

두 번째로는 내 이야기를 글로 남기고 싶고, 책을 읽고 싶은 클라이언트를 만나고 있다. 내 이야기를 글로 쓰고 싶은 장애 아이를 키우는 엄마들과 한 부모 엄마들의 육아 이야기를 글쓰기로 돕고 있다. 보육원에서 살다가 자립을 시작한 청년들과 자립 에세이를 같이 썼다. 독서 토론을 하고 싶은 시각 장애인을 만나서 장애에 대한 편견 없이 한 시민과 독서가로서 독서 토론을 한다. 나는 클라이언트를 작가와 독자로 만나고 있다. 사회복지사와 클라이언트로 만날 때와 작가와 독자, 강사와 수강생으로 만날 때는 다르다. 좀 더 평등하고 공정한 관계가 되는 경험을 하고 있다.

사회복지사가 만나는 클라이언트를 흔히 사회적 약자라고 한다. 사회적 약자에 대해 내가 가장 동의하는 정의는 "자기 목소리를 잃어버린 사람"이다. 나는 목소리를 잃어버린 한부모 가장, 장애 아동을 키우는 엄마, 자립 준비 청년, 시각 장애인이 자기 목소리를 낼 수 있도록 책으로 글로 돕는 작가 사회복지사이다.

왜 작가 사회복지사로 활동을 해야만 했는가?

사회복지사는 사회 문제 해결과 예방을 하는 전문가이다. 사회복지 글쓰기는 클라이언트를 대변하기 위한 사회적 글쓰기이고, 전문적인 실천의 근거이고 전문성 향상과 서비스의 효과성을 높이기 위한 중요한 매체라고 생각한다.

사회복지사는 글쓰기를 많이 한다. 글쓰기로 야근을 많이 하다 보니 소진이 온다고 말한다. 전임자의 글을 보고 흉내 내기를 하다 보니 정확하게 글쓰기를 하지 못하고, 많은 시간이 걸려 스트레스가 유발되고 있다. 기초적인 글쓰기 방법을 모른 채로 입사하고 선배 사회복지사들도 업무로 바빠서 제대로 알려주지 못한다. 현재 리더들은 어깨너머로 사회복지 업무용 글쓰기를 배워서 본인의 글쓰기는 잘하지만 후배들을 지도하는 방법을 모른다. 내가 할 줄 아는 것과 다른 사람을 하도록 알려주는 것은 다르기 때문이다. 그런데 내 강의를 통해서 후배들을 어떻게 지도해야 할지 방법을 알게 되었다고 기뻐하는 모습을 보게 된다.

나는 글을 잘 쓰고 싶어서 글쓰기 공부를 했다. 공부로 알게 된 글쓰기 기술, 책을 쓰면서 습득한 글쓰기 기술, 19년간 현장에서 사회복지사로 일하면서 알게 된 글쓰기 기술을 알려줘서 업무 시간을 줄이고 야근을 줄여 주고 싶다. 글쓰기 슈퍼비전을 주고 싶은데 설명이 힘든 리더 사회복지사에게 알려주는 방법을 전수하여 사회복지 발전에 기여하고 싶다.

스티브 잡스로 인해 인문학 열풍을 불었다. 인문학의 시작은 읽고 쓰기이다. 전국에서 직장인 독서 토론 모임이 유행하고 글쓰기, 책 쓰기 열풍이 불고 있다. 그러나 사회적 약자는 읽고 쓰기에서도 소외되기 쉽다. 시각 장애인 독서 토론을 전문적으로 지도할 사람이 없다. 시각 장애인은 지능이 낮다고 생각하는지 그림 동화책으로만 독서 토론을 한다. 그림 동화책은 그림과 글을 같이 볼 수 있는 비장애인에게 더 적절하다. 시각 장애인들도 세계 문학을 읽고 토론할 수 있고, 사회 문제에 관심이 많고, 인문 고전을 읽고 토론하는 것을 좋아한다. 나와 5년째 독서 토론을 하고 있는 시각 장애인들은 "처음으로 제대로 독서 토론을 하는 것 같아요"라고 말한다. 이혼한 한부모, 장애 아이를 키우는 엄마들에 대한 이해를 바탕으로 그들이 목소리를 낼 수 있게 도와줄 수 있는 작가, 자립을 준비하는 청년들이 자신의 이야기를 낙인감 없이 책으로 써낼 수 있도록 지도하는 작가 사회복지사는 없다. 나는 작가이기 이전에 보육원 클라이언트였고, 아동 학대 피해자였고, 사회복지사이기에 이 모든 일을 잘할 수 있다.

3년의 준비, 6년간 겸직 후 프리랜서로 퇴사

3년간 하루 한 권 책 읽기를 하면서 전문가의 길

을 고민했다. 퍼스널 브랜딩을 하기로 결심했고 강의와 책 쓰기를 시작했다. 6년간 작가 사회복지사로 겸직을 하다가 7년 차에 프리랜서로 퇴사를 했다. 나는 퍼스널 브랜딩을 만들 때 퇴사할 생각은 없었다. 우리 조직이 좋았고, 내가 하는 일이 재미있었다. 단지 내 일에서 전문가로 소문나고 싶었을 뿐이다. 그런데 책을 낸 사회복지사로 알려지면서 사회복지 글쓰기 강의 의뢰가 많이 들어왔다. 사회복지사 보수교육, 협의회 연합 교육 등을 하다 보니, 이 강의는 개별 기관에서만 필요한 것이 아니라 전국의 모든 사회복지 시설에서 필요했다. 그래서 내 강의를 들은 수강생이 다시 본인 기관의 강사로 초빙하는 일이 많아졌다.

현직자로 일을 하다 보니 1년에 20여 개의 연차휴가와 주말, 공휴일, 퇴근 이후 시간에만 강의를 했다. 틈틈이 휴가를 내서 강의를 다니다 보니 오해를 받았다. '근무 시간 중에 강의하러 다니는 거 아니야?' 아니다. 나는 근무 시간 중에 무단으로 강의를 간 적이 없다. 선착순으로 강의 의뢰를 받았고, 연차휴가를 소진하면 강의를 받지 않았다. 어느 순간부터 상반기에 12월 연말까지 강의가 마감되었다. 휴가 소진으로 강의를 못 간다고 거절했더니 상반기 중에 강의 예약이 끝났다니 거짓말이라고 생각하는 분도 있었다. 휴가가 없어서 못 간다고 했더니 기관장과 아는 사이라면서 본인이 잘 말해서 휴가가 없어도 강의를 오도록 부탁을 하겠다고 해서 "기관 운영 규정에 반하는 행동을 할 수 없다"고 했더니 이상하게 생각하는 경우도 있었다.

어느 순간 외부 강의 의뢰가 너무 많아져서 '복지관 부장'과 '작가 사회복지사' 중에 하나를 택해야 하는 상황이 되었다. 한 기관에서 19년을 일했더니 조직은 나에게 안전지대가 되었다. 이제 조직에서 나의 성장은 끝났고, 더 넓은 우물 밖으로 나아야겠다고 결심했다. 복지관 부장은 나 말고 다른 사람이 대체 가능한 일이지만 '작가 사회복지사'는 나밖에 할 수 없는 일이라는 생각이 들었다. 2004년부터 사회복지사로, 2016년부터 강사로, 2017년부터 작가로 해온 겸직은 2022년 퇴사로 종료되었고, 그렇게 프리랜서 사회복지사가 되었다.

퍼스널 브랜딩이 가져온 내 삶의 변화

2017년 첫 책을 낸 시점부터 연봉 1억을 버는 '작가 사회복지사'가 되었다. 퍼스널 브랜딩을 하지 않았다면 꿈도 꿀 수 없는 연봉이다. 부장 19호봉일 때 나의 시간당 급여는 약 37,000원이었다. 강사 전안나의 시간당 강의료는 사회복지 공동 모금회 2급 강사 기준으로 약 23만 원이다. 사회복지계는 강사료가 많지 않다. 그런데 영리 영역에서 작가 전안나의 시간당 강의료는 최고 150만 원이고, 1권 기준 최고 인세는 3,000만 원이다. 프리랜서가 된 후 수입이 적은 달은 나의 마지막 호봉이었던 부장 19호봉 수준이고, 가장 수입이 많은 달은 부장 19호봉의 4~5배이다.

미래에는 "모든 직업이 정규직이 아닌 프리랜서가 될 것" 그리고 "회사에 소속된 정규직은 사라지고, 프로젝트성 계약으로 전환될 것"이라고 학자들은 전망한다. 그런 관점에서 보자면 "프리랜서 사회복지사로서 나의 전문성은 무엇인가?"라는 질문은 모든 사회복지사에게 필수 질문이라는 생각이 든다. 나는 사회복지사로 근무하면서 퍼스널 브랜딩을 의도적으로 만들었다. 내가 정말 전문가인가라는 혼란스러움은 퍼스널 브랜딩을 만들면서 정리가 되었다.

퍼스널 브랜딩을 만들고 퇴사한 후, 지금은 오히려 일을 줄이고 있다. 1주일에 30시간 이내로 일하는 것이 목표이다. 아직 미성년 아이가 둘이나 있기에 일과 삶의 균형이 필요하다. 일이 끝나면 낮 1시에도 퇴근하고, 4시에도 퇴근한다. 한 달에 1~2번은 평일에 쉰다. 한 달에 한 번은 미술관도 가고 뮤지컬도 보고, 뷔페에 가서 여유롭게 점심 식사를 한다. 듣고 싶은 교육을 받고, 버킷리스트였던 사회복지 박사 과정 공부도 시작했다. 두 달에 한 번은 남들이 일하는 평일에 여행을 간다. 매일 출퇴근하지 않아도 되고, 내가 일하고 싶을 때 일하고 싶은 만큼 일하면서 살고 있다. 조직에서 근무하지 않기 때문에 더 이상 평가나 재위탁을 준비하지 않는다. 계획서·평가서·일지를 쓰지 않아도 되고, 회의도 없고, 직원과 상사 때문에 신경 쓰이는 일도 없다. 클라이언트에게 시달리지 않아도 되고, 클라이언트 때문에 마음 아픈 일도 없다. 퍼스널 브랜딩을 만든 치열한 시간 덕분에 지금은 내가 하고 싶은 일만 하면서 일과 삶의 균형을 찾으며 사회복지를 할 수 있게 되었다.

퍼스널 브랜딩이 소속 기관과 사회복지계에 끼치는 영향

나의 퍼스널 브랜딩은 소속된 기관의 명성에도 긍정적인 역할을 했다. 우리 기관을 모르는 사회복지사에게도 '전안나 작가 사회복지사가 일하는 곳'이라고 알려지게 되어서 기관 명성이 자자해졌다. 동료들도 외부 네트워크 활동을 가서 기관명을 말하면, 어디를 가든 우리 기관을 인식하는 사회복지사들이 늘었다고 자랑스러워한다. 나의 퍼스널 브랜딩을 만들면서, 다른 사회복지사들의 퍼스널 브랜딩을 위해 무엇을 해야 할까 고민했다. 그들의 퍼스널 브랜딩도 만들 수 있도록 도와주고 싶었다. 리더들과 회의를 통해 한 달에 한 번은 업무와 관련된 외부 강의를 외근으로 갈 수 있도록 하였다. 강의는 수강생이 아니라, 강의를 준비하는 강사가 가장 교육되고 훈련되는 과정이기에 기관의 직원 교육 사업과 운영 규정 개정으로 전문가로 성장할 발판을 마련해 두었다. 이전에 기관장, 부장 위주의 외부 출강에서 분위기가 바뀌어서, 과장·팀장·대리 등도 업무와 관련이 있다면 한 달에 한 번은 외부 보수교육 강사나 타 사회복지기관과 대학에서 활발히 강의를 하고 있다.

타 기관의 사회복지사들도 말하길 "사회복지사 중에 베스트셀러 작가가 있다는 사실이 자부심이 되었다"라는 피드백을 받았다. 그동안 업무 글쓰기를 왜 해야 하는지 스트레스로만 생각했는데, '우리가 하는 일이 사회적 약자를 대변하는 사회적 글쓰기'라는 것에 자부심을 느끼게 되었고, '사회복지사의 전문성을 바탕으로 사회에 기여하는 좋은 예시가 되었다'는 피드백을 받으면서 의도치 않게 사회복지계의 대표 인물이 된 것 같아 기분이 묘했다.

앞으로의 계획

10년 전 소진을 경험하고 전문가가 되기로 결심하고 의도적으로 퍼스널 브랜딩을 만들었다. 그 덕분에 나는 20만 명의 현직 사회복지사 중 한 명이 아니라, '베스트셀러 작가 사회복지사 1호'로 전국에서 유일한 사회복지사가 되었다. 앞으로는 이렇게 브랜드를 가진 사회복지사가 더 많아졌으면 좋겠다. 더 많은 사회복지사가 자신의 전문성을 기반으로 퍼스널 브랜딩을 만들기를 바란다. 현직에 있으면서도 퍼스널 브랜딩을 만들 수 있고, 프리랜서로도 퍼스널 브랜딩을 만들 수 있다. 강의, 창업, 컨설팅, 자문, SNS, 책 쓰기, 글쓰기, 네트워크 활동, 창직으로도 퍼스널 브랜딩을 만들 수 있다. 우리 모두 다 자신 있게 "나는 ○○전문가, ○○으로 사회복지한다"라고 자신 있게 말할 수 있도록 돕고 싶다.

더 많은 사회복지사가 책을 썼으면 좋겠다. 사회복지의 경험을 암묵지로 두지 말고 형식지로 우리 사회복지계의 지식으로 만들면 사회복지계가 더 발전하지 않을까 생각한다. 더 많은 클라이언트가 글을 썼으면 좋겠다. 사회복지사의 손을 빌어 나오는 간접적인 방식이 아니라, 스스로 자기 목소리를 담아 세상을 향해 직접 말할 수 있길 바란다. 그것을 위해 작가 사회복지사인 내가 할 일은 무엇일까 오늘도 고민한다. 사회적 약자가 목소리를 낼 수 있게 도와줄 수 있는 작가, 자신의 이야기를 낙인 없이 책으로 써낼 수 있도록 지도하는 작가, 사회복지사들이 자신의 전문성을 기반으로 책을 쓰도록 돕는 것이 나의 다음 목표이다.

책을 쓰고 싶은
사회복지사를 위한 팁

❶ 책 쓰기 전 마인드

▸ 책 쓰기는 어렵다.

▸ 책 쓰기는 힘들다.

▸ 책 쓰기는 아무나 못한다.

▸ 그래서 반드시 해야 한다.

❷ 책의 주제와 타켓 독자 정하기

▸ 책을 내면 그 분야의 전문가로 인정받게 된다.

▸ 내가 어떤 전문가가 되고 싶은지, 내 책을 누가 읽었으면 좋
  겠는지 먼저 생각하자.

❸ 출간 기획서와 원고 작성

▸ 책 제목과 책 분야, 예상 독자의 성별/연령/특징, 책 기획 의
  도와 경쟁 도서 분석, 책 판매를 위한 홍보 활동을 넣어서

출간 기획서를 작성하라.

▸ 책의 주제는 1개, 대략 목차는 40개, 목차 1개당 A4 2.5매 원고로 총 A4 100매를 완성하면 초고 완성이다.

❹ 계약 및 출간

▸ 책 분야에 해당하는 여러 출판사에 원고를 투고하라. 초고는 그대로 책이 되는 것이 아니라, 수많은 수정 과정을 거친다.

▸ 출판사를 통한 상업 출판이 힘들다면 자비 출판, 독립 출판, 전자책 출판도 가능하다.

❺ 베스트셀러가 되기 위한 작가의 노력

▸ 베스트셀러가 되기 위해서는 상업 출판을 해야 한다. 좋은 원고를 써야, 좋은 출판사를 만날 수 있다.

▸ 책의 제작은 출판사의 몫이고, 홍보는 작가의 몫이다. 책 판매를 위해 독자가 원하는 활동은 무엇이든 하라.

　　　　　　조직을 나온 사회복지사는 외롭습니다. 혼자 일하고, 혼자 밥 먹고, 혼자 결정하고, 혼자 책임집니다. 매일 만나는 동료들도 없기에 인정의 욕구도 채워지지 않습니다. 그럼에도 불구하고 같이 책을 쓴 사회복지사들을 통해 함께 가고 있음을 느꼈습니다. 그분들의 지지를 통해 내가 하는 일이 의미가 있구나, 올바르게 가고 있구나 확신할 수 있었습니다. 이 책이 같은 길을 가고 있는, 또 꿈꾸고 있는 다른 사회복지사들에게도 힘이 되기를 기대합니다.

　　　　　　　　　　　　　　　　　　───── 강원남

사회복지사가 가장 쉽게 성장하는 방법은 먼저 성장한 사회복지사들 곁에 함께하는 것입니다. 그렇지만 여러 사정으로 모임에 참석하기 어려운 분들도 계시겠죠? 그렇다면 이미 성장한 사회복지사들의 과정을 풀어낸 이 책을 추천하고 싶습니다. 사회복지계에서 자신만의 길을 걸어가는 사회복지사들의 이야기는 고민이 많은 사회복지사 모두에게 분명 새로운 영감을 줄 것이라 생각합니다.

—— 김근태

비틀즈의 노래 가사로 대신합니다. "깊은 밤중에 검은 새는 울었다. 평생 동안 부러진 날개로 날아오르는 법을 연습했지. 날아오르는 바로 지금 이 순간을 기다리면서." 보이는 순간 이면에 수많은 시간을 상처받고 울었을 당신들의 어제와 오늘, 그리고 내일을 응원합니다. —— 김대근 열심히 하는 것이 전부는 아니라는 것, 일에도 방향이 있다는 것을 예전에는 몰랐습니다. 퍼스널 브랜딩을 찾아 헤맸던 시간을 통해서 나만의 방향성을 찾았습니다. 지금은 즐겁고 재미있게 사회복지를 하고 있습니다. 헤매면서 깨달았던 그 시간들을 글로 적어 나갔습니다. 이 글을 읽는 모든 분들도 내가 원하는 일을 즐겁게 할 수 있는 시작이 되었으면 합니다.

—— 김은선

성공한 사람들의 거창한 이야기가 아닙니다. 사회복지 현장에서 누구나 경험하고 느끼는 아픔과 아쉬움을 스스로 개척해 나간 이야기입니다. 책만 보면 잠들어 버리는 제가 이 책은 초고만 봐도 재밌게 읽어 내려갔습니다. 이 책을 읽고 공감하고 현장에서 본인의 자리를 다시 한번 돌아보는 계기가 되었으면 합니다.

—— 김태웅

윤활유는 기계가 아니지만, 윤
활유가 없으면 기계가 멈춥니다.
사회복지는 윤활유와 비슷하다고
생각합니다. 사람과 사람, 사람과
사회, 사회와 사회가 잘 돌아가도록 어느 곳에나 잘
어울리니까요. 우리는 그런 윤활유 같은 사회복지사
들입니다.

_____ 이창신

기회는 만날 수도 있고, 만들
수도 있습니다. 동료 사회복지사
들과 퍼스널 브랜딩에 관한 글을
쓸 수 있는 기회를 만났습니다.
이 기회가 나에게 어떤 또 다른 기회를 열어 줄지 설
레입니다. 이 책을 읽는 당신에게도 삶에 새로운 기
회를 만드는 소중한 책이 되길 바랍니다. _____ 이혜주 책을 기획하고 쓰고 모으는 지난 1년간 이 책의 저자들을 따라다녔습니다. 각 저자의 책을 사서 읽어 보고, 동영상 강의도 듣고, 인터뷰도 검색하고, SNS를 찾아가서 지난 글을 전부 읽었습니다. 그 결과, '팬'이 되었습니다. 저자들은 모두 분명한 사회복지 가치를 기반으로, 전문 지식과 기술을 실천하며 능동적으로 살아 움직이는 사회복지사들이었습니다. 이들의 이야기를 먼저 읽고, 여러분께도 소개하게 되어 참으로 기쁘게 생각합니다. —— 전안나

이 책을 쓰면서 내 느낌, 내 생각, 내 방향, 그리고 내 고민과 성장의 누적들이 잘 익어가고 있다는 것을 확인할 수 있었습니다. 무엇보다 그 시간을 함께 공감할 수 있는 사람들을 만났고, 마음을 열었고 도움을 받았고, 언젠가는 그들에게 나도 그러한 존재가 될 것이라는 다짐을 하였습니다. 역시 사람은 사람으로 행복해집니다. —— 정현경

저자 소개

강원남

웰다잉으로 사회복지하는 웰다잉 플래너 사회복지사
복지 현장 7년, 행복한 죽음 웰다잉 연구소 소장 11년
사회복지 학사, 생사학 석사, 생사학 박사 수료

홈페이지　https://thechanggo.modoo.at
이메일　　daenie@naver.com
인스타그램　@kdaenie

김근태

홍보로 사회복지하는 비영리 마케터 사회복지사
복지 현장 7년, 복지꿀팁 대표 5년
사회복지 학사·석사, NPO경영학 박사 재학

홈페이지　https://www.welfaretip.com
이메일　　kuyuntae23@gmail.com
페이스북　김근태
인스타그램　@welfaretip

김대근

문화로 사회복지하는 문화기획 사회복지사
복지 현장 14년, 마을 예술 복지 플래폼 창고·더창고
대표 9년
사회복지 학사·석사, 문화기획 석사 재학

홈페이지　https://thechanggo.modoo.at
이메일　　daenie@naver.com
인스타그램　@kdaenie

김은선	심리교육으로 사회복지하는 정신건강 사회복지사 복지 현장 10년, 오늘의마음 대표 5년 사회복지 학사, 상담심리학 석사 **이메일** todayminds@naver.com **블로그, 인스타그램** todayminds **카카오톡** 오늘의마음 **스마트스토어** todaymind
김태웅	장사로 사회복지하는 장사꾼 사회복지사 복지 현장 17년, B&T WELFARE 대표 9년 사회복지 학사, 사회복지정책 석사 **이메일** cp5700@naver.com **카카오톡** woong72 **페이스북·인스타그램** 김태웅
이창신	만화로 사회복지하는 복지만화가 복지 현장 27년 차 현직 홀트요양원 원장, 복지만화가 23년 사회복지학 학사, 청소년 복지학 석사 **이메일** 4youth@naver.com **페이스북** @bokmani **블로그** www.bokmani.com
이혜주	사례관리로 사회복지하는 사회복지사 복지 현장 22년 차 현직 우리동네노인주간보호센터 센터장, 사례관리 14년 사회복지학 학사·석사 **이메일** smufat@hanmail.net **페이스북** 이혜주

전안나	책으로 사회복지하는 작가 사회복지사 복지 현장 18년, ㈜책글사람 대표, 작가 사회복지사 8년 사회복지 학사, 사회복지·목회학 석사, 사회복지학 박사 재학

이메일   book365@kakao.com
카카오톡   전안나작가
페이스북·인스타·블로그   전안나

정현경	모금으로 사회복지하는 모금 전문 사회복지사 복지 현장 18년, 프리랜서 8년, 모금가노트랩 대표 사회복지·경영학 석사, 사회복지 박사

이메일   blindnet@hanmail.net
홈페이지 https://joining.tistory.com
페이스북 정현경

개인 브랜드를 만든 사회복지사 9인의 리얼 활동기

나 ____, 브랜드 사회복지사

1판 1쇄 인쇄 2024년 1월 19일
1판 1쇄 발행 2024년 1월 30일

지은이   강원남·김근태·김대근·김은선·김태웅
            이창신·이혜주·전안나·정현경
펴낸이   유지범
책임편집   구남희
편집   신철호·현상철
외주디자인   심심거리프레스
마케팅   박정수·김지현

펴낸곳   성균관대학교 출판부
등록   1975년 5월 21일 제1975-9호
주소   03063 서울특별시 종로구 성균관로 25-2
전화   02)760-1253~4
팩스   02)760-7452
홈페이지   http://press.skku.edu/

ISBN 979-11-5550-621-9 03330